NOTES ET DOCUMENTS

SUR

LES JUIFS DE BELGIQUE

SOUS L'ANCIEN RÉGIME,

RECUEILLIS PAR

ÉMILE OUVERLEAUX,

CONSERVATEUR ADJOINT A LA BIBLIOTHÈQUE ROYALE DE BRUXELLES.

PARIS,

LIBRAIRIE A. DURLACHER,

83 *bis*, RUE LAFAYETTE.

1885.

NOTES ET DOCUMENTS

SUR LES JUIFS DE BELGIQUE

SOUS L'ANCIEN RÉGIME.

VERSAILLES,

CERF ET FILS, IMPRIMEURS,

59, RUE DUPLESSIS, 59.

NOTES ET DOCUMENTS

SUR

LES JUIFS DE BELGIQUE

SOUS L'ANCIEN RÉGIME,

RECUEILLIS PAR

ÉMILE OUVERLEAUX,

CONSERVATEUR ADJOINT A LA BIBLIOTHÈQUE ROYALE DE BRUXELLES.

Extrait de la *Revue des études juives*, tomes VII, VIII et IX.

PARIS,

LIBRAIRIE A. DURLACHER,

83 *bis*, RUE LAFAYETTE.

1885.

NOTES ET DOCUMENTS SUR LES JUIFS DE BELGIQUE

SOUS L'ANCIEN RÉGIME

Peu de renseignements sont parvenus jusqu'à nous sur les juifs qui ont résidé, au moyen âge et même plus tard, dans les divers états qui ont formé les Pays-Bas catholiques et le pays de Liège, et dont la plus grande partie compose aujourd'hui les territoires de la Belgique et du grand-duché de Luxembourg. Tout, ou à peu près tout ce que l'on en sait, se réduit à quelques faits recueillis par le baron de Reiffenberg [1] et, après lui, par le grand rabbin Carmoly [2]. M. H.-J. Koenen [3], dans son ouvrage consacré plus spécialement aux juifs des Pays-Bas du nord, n'a cependant pas négligé de rapporter ce que l'on connaissait de ceux des Pays-Bas méridionaux. M. Félix Hachez [4] a publié une notice sur l'établissement des juifs à Mons et dans le Hainaut, et M. Ch. Rahlenbeek [5] a recueilli quelques particularités sur leur séjour à Anvers.

C'est là tout ce que l'on a écrit sur l'histoire des juifs de Belgique, à part de rares mentions dans quelques histoires locales ou particulières, à part aussi les notices consacrées à l'affaire du *Saint Sacrement de Miracle*, arrivée en 1370, et à la suite de laquelle les juifs furent bannis à perpétuité du Brabant et du Limbourg.

Les éléments principaux manquent d'ailleurs pour une histoire

---

[1] *Nouv. archives hist. des Pays-Bas*, t. V, Bruxelles, 1830, p. 1-27, 297-333; t. VI, Bruxelles, 1832, p. 130-135, 164-165, 381-382.

[2] *Revue orientale*, t. I, Bruxelles, 1841, p. 42-46, 82-89, 168-176, 260-272, 316-323, 421-425, 539-542; t. III, Bruxelles, 1843-1844, p. 293-303, 445-448.

[3] *Geschiedenis der Joden in Nederland*, Utrecht, 1843, XVIII et 520 pages in-8°. — M. Koenen a encore publié un article intitulé : *Lotgevallen der Joden, vooral in Nederlanden, gedurende de middeneeuwen*, dans les *Bijdragen voor vad. gesch. en oudheidkunde*, verzameld en uitgegeven door Is. An. Nijhoff, VI^{de} deel, Arnhem, 1848, p. 75-92.

[4] *Essai sur la résidence à Mons des Juifs et des Lombards*, Mons, 1853, 37 pages in-8°.

[5] *Les Juifs à Anvers*, dans la *Revue de Belgique* du 15 juin 1871, p. 137-146.

proprement dite des juifs de Belgique et l'on doit se borner à ne recueillir que des documents épars sur leur séjour dans ce pays. Ces documents feront même mieux connaître leur véritable situation que les quelques faits relatés par les historiens, et apporteront en même temps un petit contingent à l'histoire des mœurs et de la civilisation.

Malgré l'ignorance presque complète où l'on est sur les juiveries belges d'autrefois, des souvenirs assez nombreux en subsistent encore de nos jours, car l'on retrouve en des points très divers du territoire des noms de lieu, remontant presque tous au moyen âge et y rappelant le séjour des juifs. Tels sont dans l'ancien Brabant : les *Joden trappen* ou *escaliers des Juifs*, nom général donné à cinq petites rues en pente et terminées par des degrés, situées près de la Montagne de la Cour à Bruxelles ; la *Joden straet*, rue des Juifs, à Anvers ; la *Joden straet* à Louvain ; le *Castel* ou *Castelberg*, appelé aussi autrefois le *Joden castel*, château des Juifs, sans doute l'ancienne synagogue, à Tirlemont [1] ; la *Jodestrate*, chemin qui traverse Cumptich, la banlieue de Tirlemont, Haekendover et Neer-Heylissem ; le *chemin des Juifs* à Rosières-Saint-André, village du Brabant wallon. Dans l'ancien Hainaut : la *rue des Juifs* à Mons, la *rue des Juifs* à Wasmes, la *rue des Juifs* à Grosage, la *rue des Juifs* à Bavai, la *rue des Juifs* à Maroilles, la *rue des Juifs* à Sains [2], la *maison de Jonathas* [3] dans l'intérieur de la ville d'Enghien, et le *jardin de Jonathas*, nom d'un vaste champ situé en dehors de l'ancienne enceinte de cette ville. En Flandre : la *Jodenstraetje*, petite rue des Juifs, à Gand. Dans l'ancien comté de Looz : *Joden-Straet*, autrefois commune distincte sous la paroisse de Stevoort et la justice de Spalbeek, partagée aujourd'hui entre ces deux communes, dont elle ne forme plus qu'un hameau [4]. Dans l'ancien Limbourg : la *Jöschstroot* ou *Judenstrasse*, rue des Juifs, à Eupen.

Il y avait encore anciennement d'autres noms de lieu du même genre qui sont aujourd'hui disparus. C'est ainsi qu'on trouve men-

[1] Bets, *Hist. de la ville et des institutions de Tirlemont*, t. I, Louvain, 1860, p. 58-60. — Wauters, *Géog. et hist. des communes belges : Ville de Tirlemont*, Bruxelles, 1874, p. 8.

[2] Bavai, Maroilles et Sains sont aujourd'hui dans le département du Nord, arrondissement d'Avesnes.

[3] « D'après une tradition locale, elle aurait servi d'habitation à ce juif opulent accusé d'avoir pris part au sacrilège perpétré à Bruxelles sur les saintes hosties. » (Ernest Matthieu, *Hist. de la ville d'Enghien*, 1re partie, Mons, 1876, p. 28.)

[4] Chev. de Corswarem, *Mémoire hist. sur les anc. limites et circonscr. de la prov. de Limbourg*, dans le *Bull. de la Commission centr. de statistique*, t. VII, Bruxelles, 1857, p. 273 et p. 275.

tionnés : à Bruxelles, le *Jodenpoel*, étang des Juifs, sur l'emplacement actuel de la place du Musée, auquel conduisait la *Joedepoel strate*, rue de l'étang des Juifs[1]; à Louvain, la synagogue appelée *Jodenberch* ou *Joedenborch*, château des Juifs, situé dans la *Joden straet*[2]; à Wommersom, près de Tirlemont, le lieu dit *Op Doensvoirt* ou *de Joedsvoirt*[3], qui tire peut-être son nom de juifs du voisinage; à Cumptich, également près de la même ville et près de la *Jodestrate* que nous avons citée plus haut, la *Joeden borne*, source des Juifs, et les *Joden beempde,* prairies des Juifs[4]; à Mons, la *Juiverie*[5]; à Luxembourg, la *rue des Juifs*, aujourd'hui rue de l'Arsenal[6], et la *Judenpforte* ou *porte des Juifs*, ainsi nommée parce que ceux-ci avaient leur cimetière à proximité[7]. Jusqu'au démantèlement récent de la forteresse de Luxembourg, la caserne située dans cette rue de l'Arsenal était désignée vulgairement sous le nom de *caserne des Juifs*.

Enfin l'historien liégeois Foullon rapporte que la *Chinstrée*, c'est-à-dire la rue des Chiens, à Liège, et la rue du même nom à Hui devaient, selon quelques-uns, leur appellation au séjour des juifs[8].

I

TRANSACTIONS DES JUIFS.

Les documents relatifs aux transactions entre juifs et chrétiens sont extrêmement rares en Belgique. Nous en connaissons cependant quelques-uns qui nous font connaître les rapports des chrétiens avec les juifs, lorsque ceux-ci jouissaient encore d'une sorte de sécurité légale et avant que des édits de bannissement ou un régime d'oppression ne leur eussent enlevé toute existence civile.

[1] Henne et Wauters, *Hist. de la ville de Bruxelles*, Brux., 1845, t. III, p. 361-362.

[2] Van Even, *Louvain monumental*, Louvain, 1860, p. 95.

[3] Wauters, *Géog. et hist. des comm. belges : Canton de Tirlemont, Communes rurales*, 1re partie, Bruxelles, 1875, p. 40.

[4] *Ibid.*, 2e partie, Bruxelles, 1876, p. 140.

[5] Hachez, *Essai sur la résid. à Mons des Juifs et des Lombards*, Mons, 1853, p. 8. — De Bettignies, *A travers les rues de Mons*, Mons, 1864, p. 92.

[6] Würth-Paquet, *Noms de la ville de Luxembourg*, etc., dans les *Publ. de la So:. pour la rech. et la conservat. des mon. hist. dans le gr.-duché de Lux.*, année 1849, V, p. 108.

[7] *Ibid.*, p. 121-122.

[8] Foullon, *Historia Leodiensis*, t. I, Leodii, 1735, p. 380.

M. van Even, dans son *Louvain monumental*[1], cite un passage d'une charte de l'abbaye d'Averbode, datée de 1311, où il est dit que le rabbin Moïse vend à l'avocat Jean van Rode une maison située dans la rue des Juifs, près du cimetière de Saint-Pierre à Louvain.

Moyses Judeus, Judeorum presbyter, cum debita effestucatione tradit domum et curtem cum suis pertinentiis sitam in vico in quo Judei nunc commorantur, juxta atrium S. Petri, Johanni de Rode causidico.

Il est encore question du même rabbin Moïse dans un acte du 3 octobre 1312 par lequel Arnold de Koninck (*Rex*), clerc de Louvain, transporte à Radulphe van Erpse, pléban de Saint-Pierre, représentant la table des pauvres dite du Saint-Esprit[2], cinq livres de rente annuelle qu'il avait sur la maison du dit Moïse, située près de celle de Godefroid van der Vesten (*de Fista*). Cet acte est passé par devant les échevins Godefroid (Goort) van den Berghe (*de Monte*) et Louis (Loyck) de Vos (*Vulpes*). En voici le texte :

Notum sit universis quod Arnoldus dictus Rex, clericus Lovaniensis, supportavit cum debita effestucatione quinque libras annui census hereditarii pagamenti quolibet termino solutionis in bursa currentis, mediatim in Natali Domini et mediatim in festo beati Johannis Baptiste amodo persolvendi, quem idem Arnoldus habebat ad domum cum camera contigua et curte attinente Moysis presbyteri Judeorum in Lovanio, sitam juxta atrium beati Petri Lovaniensis, inter domum ipsius Arnoldi contiguam et domum Godefridi dicti de Fista, brassatoris Lovaniensis, ipsoque Arnoldo per juris ordinem exposito et penitus abjudicato cum jure quod habebat in eisdem bonis impositus est jure hereditario dominus Radulphus de Erpse, plebanus ecclesie beati Petri Lovaniensis, nomine et ad opus mense Sancti Spiritus Lovaniensis, per licentiam et monitionem domini fundi et sententiam scabinorum. Et si quid amplius ad hoc esset faciendum, hoc semper ad monitionem ipsius domini plebani prefatus Arnoldus perficere promisit, prout ipsi mense Sancti Spiritus Lovaniensis modo debito possit valere. Testes Godefridus de Monte et Ludovicus dictus Vulpes, scabini Lovanienses. Datum anno Domini M° CCCᵐᵒ duodecimo, feria tertia post festum beati Remigii episcopi[3].

---

[1] Louvain, 1860, p. 95, note 6.

[2] Les tables du Saint-Esprit étaient au moyen âge, dans le Brabant, des institutions de bienfaisance, placées généralement sous la direction d'un ecclésiastique.

[3] L'original, en parchemin, appartient à M. Edward van Even, archiviste de la ville de Louvain, qui l'a obligeamment mis à notre disposition. Des deux sceaux éche-

Dans un autre acte du 22 mars 1313 (1314, *nouveau style*), la béguine Maria van Werchter transporte à la table du Saint-Esprit, représentée par Godefroid, sacristain ecclésiastique de Saint-Pierre, dix sous d'une rente annuelle de cinquante sous qu'elle avait sur la même maison du rabbin Moïse. L'acte est reçu par les échevins Walter (Wouter) Cricstien et Louis (Lodewyck) Uuytter-Lyeminghe (*Ex Lyeminghe*).

Notum sit universis quod Maria dicta de Werchteris, beghina, stando et ambulando quantum suffecit et eo tempore quod hoc bene facere potuit, supportavit cum debita effestucatione decem solidos annui census quolibet termino solutionis in bursa currentis, mediatim in festo beati Johannis Baptiste et mediatim ad Natale Domini amodo persolvendi, de illis quinquaginta solidis census annui quos se asseruit habere ad domum et curtem cum suis attinentiis Moysis presbyteri Judeorum in Lovanio, sitam juxta atrium sancti Petri Lovaniensis, in proximo domus Godefridi dicti de Fista, brassatoris Lovaniensis, ipsaque Maria per juris ordinem inde exposita et penitus abjudicata impositus est jure hereditario dominus Godefridus presbyter, custos nunc ecclesie sancti Petri Lovaniensis, nomine et ad opus mense Sancti Spiritus Lovaniensis, per licentiam et monitionem domini fundi et sententiam scabinorum. Et si quid amplius ad hoc esset faciendum, hoc semper dicta Maria perficere promisit quandocunque fuerit requisita, prout ipsi mense modo debito possit valere. Testes Walterus dictus Cricstien et Ludovicus dictus Ex Lyeminghe, scabini Lovanienses. Datum anno Domini Mº CCCº tercio decimo, feria sexta post dominicam Letare Jerusalem[1].

L'acte suivant en parchemin, conservé aux archives générales du royaume, renferme le seul document hébreu qui existe, à notre connaissance, dans les dépôts belges d'archives[2]. C'est une obligation contractée le 26 octobre 1344, en présence des échevins de Perwez en Brabant, par Wilhemote delle Porte, de Rosières-Notre-Dame, au profit de maître Sanse, juif de Blaton, et au verso de laquelle celui-ci a écrit quelques lignes en hébreu pour lui servir de mémorandum. Cette pièce provient de l'ancien fonds de

vinaux qui y étaient appendus, il ne reste plus que celui, en cire brune, de Loyck de Vos, où l'on voit un écusson à trois pals, à un chef chargé à dextre d'un grelot.

[1] Nous ignorons où est conservé l'original de cet acte. Nous le transcrivons d'après une copie que nous devons à l'obligeance de M. Alphonse Wauters, archiviste de la ville de Bruxelles.

[2] C'est M. Alexandre Pinchart, chef de section aux archives générales du royaume, à Bruxelles, qui a attiré notre attention sur ce précieux document. C'est lui aussi qui nous a signalé le sceau hébreu et la patente de mendiants accordée à des juifs convertis, que l'on verra plus loin. Nous le remercions d'avoir par là contribué à augmenter l'intérêt que notre travail pourrait présenter.

la trésorerie des chartes des ducs de Brabant, et nous ne pouvons nous en expliquer la présence dans ce fonds que par suite d'une confiscation faite sur les juifs, probablement celle de 1370.

Voici d'abord le texte de l'obligation :

A tous chias ki ces presentes lettres vieront et oront. Nos li eskevin delle franke ville de Percweis faisons a savoir que par devant nos vint Wilhemote con dist delle Porte de Rosires Nostre Dame, d'une part, et maistre Sanses li juis de Blaton demorant a Pereweis dautre part. Et cognut li dis Wilhemote par se plaine volenteit quilh doit a devant dit maistre Sanse ou a son remanant quarante deus livres lescut a le flour de lis por quarante owit sous, a paijr a le volenteit de dit maistre Sanse ou de son remanant. Por les queles quarante deus livres deseur dites a paijr ensi que dit est li dis Wilhemote en at obligiet luy et le sien par tot ou quilh lait a champ et a ville par devant nos. Et por ce que ce soit ferme chose et estable nos li eskevin deseur nomeit avons nos appendut a ces presens lettres nostre comon sayal en tesmongnage de veriteit. Fait et doneit lan de grasce mil trois cens et quarante quatre le mardi devant le Tossains.

A cet acte est appendu le sceau, avec contre-sceau, de l'échevinage de Perwez, en cire verte. Le sceau porte un écu écartelé de Lothier (à une fasce) et de Brabant (à un lion couronné), sommé d'une couronne, et la légende en caractères gothiques : ✚ ⊕ SIGLVM .... M ⊕ DE ⊕ PERWEIS ⊕. Le contre-sceau a un lion couronné dans un cercle et la légende, également en caractères gothiques : ✚ SIGIL· CONTRA : SEGILLVM. Nous insistons sur ces détails, afin qu'il soit bien établi qu'il s'agit ici du bourg de Perwez, situé près de Rosières-Notre-Dame, aujourd'hui Grand-Rosière, et non pas du bourg de Péruwelz en Hainaut, situé précisément tout près du village de Blaton, où maître Sanse avait sans doute résidé avant d'aller s'établir en Brabant. Péruwelz, dont le nom a subi la plupart des mêmes variantes orthographiques et se prononce encore aujourd'hui de la même manière que celui de Perwez en Brabant, avait un sceau qui ne peut être confondu avec celui que nous venons de décrire. Cette particularité et la situation de Rosières, voisine de celle de Perwez, prouvent, à toute évidence, que l'obligation a bel et bien été contractée en Brabant, et qu'au milieu du XIV° siècle les échevins de ce pays recevaient les engagements passés entre juifs et chrétiens.

Au milieu du revers de la pièce on lit : « .ij. vies gros et .j. a cler », et, dans un coin, la note hébraïque suivante :

זה החותם אויילמוטא

דלפורטא דר אל רוזיירא

והוא פרוע מכל וכל עד ז'

עטרי' וחייוב הכופר

וחייוב ג' גדולים ישנים

מיין הנשבעים

ועוד אוילנאה דלפורטא

חייב על זה החותם כג'

מגינים וחצי ר' קדושים

קו'ל וקולארט דטבראש '

חייב בעבורו

Voici, aussi littérale que possible, la traduction de cette note :

« C'est le contractant *Wilmote del Porte* demeurant à *Rosière*; il s'est entièrement libéré jusqu'à concurrence de 7 couronnes, plus la dette de l'intérêt, plus la dette de 3 vieux gros pour le vin des échevins.

« *Wilmeh del Porte* redoit encore sur cette obligation 23 écus et demi ; le 6 de *Kedôschîm* 106 du petit comput[2] ; et *Colart......* s'est obligé pour lui. »

Par l'expression *3 vieux gros pour le vin des échevins*, il faut entendre le salaire payé pour la passation de l'acte aux échevins, ou, comme dit l'hébreu, aux jurés, ce qui revient au même. Le mot *vin* s'employait fréquemment autrefois dans le sens de salaire, d'honoraires ; les exemples qu'en donne du Cange le prouvent surabondamment[3]. Tout cela concorde parfaitement avec la note française écrite à côté du compte hébreu et qui indique à combien se sont élevés les frais : deux vieux gros aux échevins et un à leur clerc ou greffier.

Remarquons en outre la façon dont maître Sanse rend les noms des monnaies de l'époque : il traduit *couronnes* par *atârim*, *écus* par *mâghinnîm*, et *gros* par *ghedôlîm*, littéralement *grands*.

Un mot, pour finir, sur le porteur de cette obligation. Son nom, sa manière de transcrire en caractères hébreux les mots vulgaires, son écriture même, dénotent que ce juif devait être d'origine

---

[1] ד et ר d'une part, ב et כ d'autre part, se confondant dans l'écriture de maître Sanse, nous ne pouvons répondre de la transcription de ce mot, qui est certainement un nom de famille ou de localité.

[2] C'est-à-dire vendredi, 6e jour de la semaine où on lit dans la synagogue la section du Pentateuque appelée *Kedôschîm*, en l'an 106 du petit comput. Cette date concorde avec le 28 avril 1346.

[3] Du Cange, *Gloss. med. et inf. latinitatis*, digessit Henschel, t. VI, v° *vinum*, p. 841-844, passim.

française, comme presque tous, sinon tous les juifs qui résidaient alors en Belgique. Il était probablement l'un de ces juifs français qui étaient venus chercher un refuge en Hainaut et que le comte Guillaume II prit sous sa sauvegarde en 1337, à charge par eux de lui payer un cens annuel [1]. On trouve en effet dans la liste de ceux qui payèrent cette redevance trois juifs du nom de Sanse, dont deux sont qualifiés de maîtres [2].

La nature de la pièce que nous venons d'examiner nous fournit l'occasion de signaler ici l'existence, dans les archives de la Côte-d'Or à Dijon, de deux registres de comptes en hébreu [3], tenus par une association de juifs, probablement franc-comtois, qui, vers la fin du xiiie siècle et le commencement du xive, faisaient dans le nord et l'est de la France, en Allemagne et en Belgique, des transactions de tout genre, en blés, vins, chevaux, bestiaux, habits, bijoux, etc. On pourrait y trouver des détails intéressants sur le commerce des juifs au moyen âge dans les pays belgiques. Les noms des monnaies de l'époque, traduits ou transcrits en hébreu dans ces comptes, présentent aussi de curieuses particularités.

Les archives seigneuriales du Luxembourg allemand, notamment celles du château de Clervaux [4], renferment plusieurs documents originaux, en parchemin, du xiiie et du xive siècle, où il est question de prêts d'argent faits par des juifs à divers seigneurs. Par l'un de ces actes [5], rédigé en latin et daté du 5 janvier 1378 [6] (ou 4 janvier 1379 ?), Jacob von Gulche, juif, demeurant à Coblentz, déclare que Frédéric Walpode de Waltmanshusen, Herman de Brandenbourg, Henri Meynfelder von dem Rhine, chevaliers, et Rolman Schilling de Nyderlanstein, écuyer, lui doivent 150 florins ; il acquitte Herman de Brandenbourg de sa part de ladite créance.

Un sceau à légende hébraïque est appendu à cette pièce [7]. Il porte

---

[1] Archives du royaume : Chambre des comptes, reg. 51, intitulé : *Deuxième cartulaire de Haynnaut, Second volume* (copie faite en 1770 sur un registre de la chambre des comptes de Lille), pièce n° 285, fol. 980 r° - 983 v°.

[2] *Ibid.*, pièce n° 286, fol. 983 v° - 986 r°.

[3] Chambre des comptes de Dijon : Confiscations sur les juifs, registres B 10410 et 10411.

[4] *Archives de Clervaux*, analysées et publiées par M.-F.-X. Würth-Paquet et N. van Werveke, Luxembourg, 1883 (*Publications de la section hist. de l'Institut R. G.-D. de Luxembourg*, XXXVI), 1 vol. gr. in-8°, n°ˢ 31, 128, 136, 174, 180, 184, 186, 188, 190, 209, 503, 549, 569.

[5] N° 503.

[6] « Feria tertia proxima post circumcisionem Domini ».

[7] La collection sigillographique de l'État, au musée de la porte de Hal à Bruxelles, possède un moulage de ce sceau, empreinte n° 20663.

dans le champ une tête de face, barbue et à longs cheveux, coiffée d'un chapeau de juif et surmontée d'une espèce de dais d'où re-

tombe une draperie encadrant la tête. Malgré la déformation de plusieurs lettres de la légende, nous croyons pouvoir la lire de cette manière :

★ · יעקב · ב'ה'ק · ⊕ · יואל · גולכא

c'est-à-dire, *Jacob fils du saint Joel Gulche.*

Gulche est une ancienne orthographe de *Jülich*, nom allemand de la ville de Juliers, entre Cologne et Aix-la-Chapelle.

L'épithète de קדוש (*kâdôsch*, par abréviation 'ק), *saint*, dont Jacob, par piété filiale, a fait précéder le nom de son père, avait le plus souvent chez les juifs d'Allemagne et du nord de la France le sens de martyr, et indiquerait ici que Joel fut mis à mort pour sa foi [1]. En établissant un rapprochement de dates, nous sommes porté à supposer que Joel subit le martyre de 1348 à 1350, lors de la terrible persécution dont la peste noire fut l'occasion ou plutôt le prétexte, ou peut-être en 1336, quand le fanatique Armleder souleva le peuple des bords du Rhin contre les juifs.

Ce que M. le Dr A. Kisch a avancé au sujet du chapeau ou bonnet que les juifs étaient forcés de porter dans la plupart des états et qui était devenu en quelque sorte leur symbole national, se confirme encore par la figure de notre sceau. Nous ajouterons que non seulement des juifs et des juiveries [2] le prenaient dans leurs sceaux de la même façon que les chrétiens avaient d'autres emblèmes, mais que des familles de juifs convertis devenues nobles

---

[1] Cependant elle peut aussi être appliquée à un mort dans le sens d'*homme pieux et dévoué à la religion.*

[2] Au moyen âge, la juiverie d'Augsbourg avait dans son sceau une aigle éployée entre les têtes de laquelle se trouve un chapeau de juif; le contre-sceau du *parage de Juruc* à Metz portait une tête de juif avec chapeau. Voir Carmoly, *Revue orientale,* t. II, Bruxelles, 1843, p. 328–330.

l'ont adopté dans leurs armoiries en souvenir de leur origine. Telles sont les familles allemandes des *Jüdden*, *Juden* ou *Judei*, chevaliers de Cologne, des *Judmänner zu Affeking und Aernbach* et des *Juden von Bruckberg* en Bavière, etc. Le chapeau que le roi de Prusse Frédéric-Guillaume Ier faisait encore porter par les juifs au commencement du siècle dernier, comme marque d'infamie commune à ceux-ci et aux banqueroutiers [1], n'a donc pas toujours été considéré comme telle.

II

SÉPULTURES DES JUIFS.

Malgré de patientes recherches, nous n'avons pu trouver que bien peu d'indices sur les lieux d'inhumation des juifs, lorsque au moyen âge ils formaient des communautés relativement nombreuses dans nos contrées.

L'abbé d'Echternach Jean Bertels, qui écrivait au commencement du xviie siècle, en parlant de l'ancienne porte des Juifs, *Judenpforte*, à Luxembourg, dit qu'elle était ainsi appelée parce qu'anciennement, avant l'extension de la ville de ce côté, les juifs avaient leur sépulture à proximité [2].

Le P. Guillaume Wiltheim, mort en 1636, qui cependant était fort au fait des antiquités de Luxembourg, se borne à une simple mention de cette porte et du cimetière d'où il prenait son nom, dans un de ses ouvrages restés manuscrits [3].

Ce cimetière des juifs de Luxembourg devait être antérieur à 1370, car, si l'on s'en rapporte au P. Bertholet, les juifs furent alors bannis de cette ville, en même temps qu'ils le furent du Brabant et du Limbourg, à la suite de l'affaire du *Saint Sacrement de Miracle* [4]. D'un autre côté, la *Judenpforte*, encore désignée ainsi en 1430, est déjà sur le point de changer de nom, puisque dans un acte de Philippe-le-Bon du mois de janvier 1443 (vieux style), elle est appelée porte Horlon, et plus tard porte d'Arlon [5] ; ce qui

---

[1] Koenen, *Gesch. der Joden in Nederland*, p. 148, note 1.

[2] Bertelius, *Historia Luxemburgensis*, Coloniæ, 1605, p. 117.

[3] *Historiae Luxemburgensis antiquariae disquisitiones*, manuscrit 7146 de la bibliothèque royale de Bruxelles, folio 179, recto.

[4] *Hist. ecclésiast. et civile du duché de Luxembourg et comté de Chiny*, Luxembourg, t. VII, 1743, p. 70.

[5] Würth-Paquet, *Noms de la ville de Luxembourg*, etc., mémoire déjà cité, p. 121-122.

tendrait à prouver que le souvenir de l'existence du cimetière voisin commençait dès lors à se perdre.

Un vestige de sépulture juive du moyen âge est cependant parvenu jusqu'à nos jours. C'est une pierre blanche avec inscription hébraïque, trouvée en 1872, avec quelques ossements humains, dans le verger de l'hôpital civil de Tirlemont, lors de la création en cet endroit du cimetière particulier des religieuses de cet établissement. On la découvrit à un pied et demi environ de profondeur, en pratiquant l'excavation pour les fondements de la petite chapelle de ce cimetière.

Cette pierre est conservée aujourd'hui avec soin à l'hôpital de Tirlemont, où nous en avons pris un estampage. Sa plus grande hauteur est d'à peu près 63 centimètres, et sa largeur de 64. Elle est encadrée à sa partie supérieure et sur ses côtés d'une moulure en forme de tore, d'environ 9 centimètres de large. Le haut de la pierre est cintré; le bas a été brisé, sans que l'inscription ait néanmoins été entamée. Quoique rongée par le temps, cette épitaphe est encore bien lisible, sauf la dernière ligne qui est quelque peu fruste.

מפותחת

אבן אחד[1] והיא נצבה

לראש מרת רבקה בת

ר' משה שנפטרה בשם[2]

שנת חמשת אלפים

וששה עשר לפרט

ונוחה בגן עדן

TRADUCTION : Une pierre a été gravée, et elle a été placée à la tête de dame Rebecca, fille de R. Moïse, laquelle trépassa en [bon] renom, l'an cinq mille et seize du comput. Que son repos soit dans le jardin d'Éden.

L'an 5016 de l'ère juive correspond à 1255-1256 de l'ère chrétienne.

La découverte de cette pierre tumulaire a une grande importance, car ce n'est point par une cause fortuite qu'elle a été apportée à l'endroit où elle fut trouvée. Les ossements, entre autres

---

1 אחד est une faute ; il faudrait אחת .

2 La dernière lettre pourrait aussi être un ב, mais dans ce cas nous ne saurions ce que signifie ce mot. Il est possible que nous ayons ici un mot dont une partie sert à remplir la 4e ligne de l'inscription et qui est ensuite repris en entier, sauf la préposition ב, au commencement de la 5e ligne, de sorte qu'il faudrait lire שנפטרה בשנת חמשה etc. On trouvera deux exemples de cette sorte de réclame dans l'inscription hébraïque publiée dans la *Revue des études juives*, t. II, p. 135.

un crâne humain, qui furent exhumés en même temps, prouvent évidemment qu'elle recouvrait encore la sépulture de la femme dont elle rappelle le souvenir. Nous avons tout lieu de supposer que cette tombe n'est pas isolée et que le cimetière des religieuses de l'hôpital est établi dans le lieu même de sépulture de l'ancienne communauté juive de Tirlemont. De nouvelles fouilles y feront probablement découvrir d'autres tombes.

La ville de Tirlemont possédait au moyen âge une juiverie importante sur laquelle M. Bets [1], qui, par parenthèse, confond les juifs avec les lombards, et M. Wauters [2] ont fait connaître quelques particularités intéressantes.

Tels sont les seuls souvenirs que nous avons pu recueillir sur les sépultures du moyen âge, et il nous faut franchir plusieurs siècles avant de trouver de nouvelles traces de cimetières israélites. Expulsés successivement des différents pays belgiques, les juifs n'y eurent plus d'existence légale; s'il arrivait que l'un d'eux de passage ou de résidence en quelque sorte clandestine venait à y décéder, sa dépouille mortelle trouvait apparemment une sé-pulture dans quelque terrain vague ou dans les fortifications des villes.

A Bruxelles cependant, où malgré la rigueur des édits, quelques familles juives étaient parvenues à s'établir dans le cours du xviii° siècle, un lieu de sépulture leur fut réservé près de la porte de Namur. « Suivant une requête présentée au gouvernement autrichien, en 1783, par un habitant de Bruxelles, nommé Philippe Nathan, la sépulture des juifs occupait, de temps immémorial, un petit terrain compris dans les fortifications, hors de la porte, à gauche. Vers l'an 1778, à la suite de travaux de nivellement faits en cet endroit, un nouveau lieu de sépulture fut désigné à Nathan, à droite de la porte, et les cadavres du cimetière israélite y furent transportés [3]. »

Quelques années plus tard, ce nouveau cimetière dut néces-sairement disparaître, par suite du démantèlement des fortifica-tions de Bruxelles commencé en 1782, et il n'en est resté aucun vestige.

Il fut bientôt remplacé par un autre sur l'établissement duquel nous nous étendrons avec quelques développements, afin de mon-

---

[1] *Hist. de la ville et des institutions de Tirlemont*, t. I, Louvain, 1860, p. 58-61, 73-74.

[2] *Géog. et hist. des communes belges : Ville de Tirlemont*, Bruxelles, 1874, p. 8, 17-18, 33.

[3] Wauters, *Hist. des environs de Bruxelles*, Bruxelles, 1855, t. III, p. 284-285. — Cf. Henne et Wauters, *Hist. de la ville de Bruxelles*, Bruxelles, 1845, t. III, p. 609.

trer quelles furent les dispositions prises au sujet des sépultures juives dans les dernières années de l'ancien régime.

Par son édit du 26 juin 1784 [1], l'empereur Joseph II défendit les inhumations dans l'intérieur des villes et ordonna l'établissement de nouveaux cimetières en dehors de leur enceinte. Il mettait à la charge des administrateurs des paroisses, catholiques bien entendu, l'acquisition des emplacements désignés pour les nouveaux cimetières (art. X), leur ordonnait de procéder à la vente publique des anciens (art. XV), et, au moyen des sommes à provenir de cette vente, de se charger des frais de construction et d'entretien des nouveaux (art. XI).

Cet édit avait été en grande partie copié sur celui que Joseph II avait décrété pour l'Autriche le 10 mai précédent. Dans ce dernier, un article spécial prescrivait de désigner aux Juifs et aux Turcs un emplacement *hors des lignes* pour l'établissement de leurs cimetières. Le conseil privé aux Pays-Bas, appelé à se prononcer sur le projet d'un édit analogue applicable à ces pays, avait émis l'observation suivante, dans l'avis adressé le 2 juin 1784 aux gouverneurs généraux, Marie-Christine et Albert de Saxe-Teschen [2] :

« Nous n'avons point fait mention dans l'édit des Turcs et des Juifs, parce que, pour le peu qu'il s'en trouve dans ce pays, il nous paroît que la défense générale, faite dans l'édit, d'enterrer dans les villes doit suffire à leur égard.

» Nous nous en remettons néanmoins à tout ce qu'il plaira à Vos Altesses Royales d'y disposer. »

C'était laisser la question indécise ; aussi l'édit du 26 juin 1784 ne la trancha-t-il pas et resta-t-il muet au sujet des sépultures des juifs ; mais voici ce que l'article XXI dit de celles des protestants :

« Il sera réservé dans chaque nouveau cimetière pour les protestans, une place séparée destinée à enterrer leurs morts, à moins cependant qu'ils ne préférassent avoir un cimetière particulier ; en quel cas les magistrats leur désigneront à cet effet un emplacement gratis hors la ville. »

A défaut de dispositions particulières les concernant, on appliqua aux juifs de Bruxelles la première disposition de cet article, et

---

[1] Cet édit a été publié, entre autres, par M. Ch. Duvivier, à la suite de son mémoire intitulé : *De la propriété des anciens cimetières*, Bruxelles, 1878, in-4° (*Deuxième mémoire pour la ville de Gand*).

[2] Archives du royaume : Chancellerie des Pays-Bas à Vienne, D, 108, ad litt. E, 6 (n° 5). Cet avis du conseil privé a été publié in extenso par M. Ch. Duvivier, à la suite du mémoire indiqué dans la note précédente.

un enclos leur fut réservé pour la sépulture de leurs morts [1], de même qu'un autre fut accordé aux protestants, sur une partie du terrain que les administrateurs de la paroisse de Sainte-Gudule furent obligés d'acquérir en vertu de l'article X dont nous avons parlé plus haut.

Ce nouveau cimetière, établi en partie sur le territoire de Saint-Josse-ten-Noode, en partie sur celui de Schaerbeek [2], servit non seulement pour la paroisse de Sainte-Gudule, mais encore pour celles de Coudenberg, de Saint-Nicolas et du Finisterre : telle était la circonscription de Sainte-Gudule pour les enterrements des catholiques. Deux autres cimetières reçurent les morts des autres paroisses de la ville. Mais tous les protestants et tous les juifs, décédés dans tout le territoire de Bruxelles, furent enterrés dans les parties du cimetière de Sainte-Gudule réservées pour eux [3]. Cela résulte de l'examen des registres mortuaires de cette paroisse, qui, à partir de 1785 jusqu'à la fin de l'ancien régime, présentent une particularité peut-être unique dans les registres paroissiaux, c'est que les actes d'enterrement des protestants et des juifs y sont enregistrés parmi ceux des catholiques.

Cette circonstance cependant paraîtra moins étonnante lorsqu'on aura reconnu que les registres paroissiaux, surtout les registres mortuaires, sont au fond des livres de comptes [4] plutôt que des registres d'état civil, tels qu'on les considère maintenant. Les juifs et les protestants, transportés au cimetière dans le char funèbre de Sainte-Gudule [5] et même inhumés par les soins de l'administration de cette paroisse, étaient soumis, sauf les pauvres, aux mêmes droits de transport et d'enterrement que les catholiques. La preuve s'en trouve dans les actes mortuaires eux-mêmes qui présentent assez d'intérêt pour être examinés avec attention.

Depuis le 1er mars 1785, date du plus ancien acte d'enterrement juif que nous ayons rencontré [6], jusqu'au 20 juillet 1795, date du

---

[1] Ce cimetière a, dans œuvre, 20^m,77 de long sur 8^m,10 de large.

[2] Il est compris dans le territoire de la ville de Bruxelles depuis la loi du 7 avril 1853, qui a annexé à cette ville une partie des quatre communes limitrophes suivantes : Saint-Josse-ten-Noode, Schaerbeek, Etterbeek et Ixelles.

[3] Avant l'établissement du nouveau cimetière de Sainte-Gudule, les Alexiens se chargeaient d'inhumer dans leur couvent les protestants, du moins ceux de qualité, décédés à Bruxelles. Voir *Wehelyks nieuws nyt Loven*, 22 Meert 1778, p. 188, et Archives du royaume : Conseil privé, carton n° 1401, intitulé : *Enterremens*.

[4] Cf. *Musée des archives départementales*, Paris, Imp. nation., 1878, texte gr. in-4°, p. XXXIII, 317 et 327.

[5] Cf. les art. IX et XII de l'édit du 26 juin 1784.

[6] Nous n'avons pas trouvé d'enterrement protestant mentionné dans les registres de Sainte-Gudule antérieurement à cet enterrement juif du 1er mars 1785.

plus récent [1], nous avons trouvé dans les quatre derniers registres mortuaires de Sainte-Gudule mention du décès de 36 ou 37 personnes appartenant au culte israélite, la plupart enfants en bas âge. Le plus grand nombre habitait le voisinage de la chapelle de Notre-Dame-aux-Neiges et la rue du Marais dans la paroisse de Sainte-Gudule, la rue des Jardins-aux-Choux et la rue du Chant-d'Oiseaux dans celle du Finisterre. Quelques-unes demeuraient dans le ressort de la paroisse de Sainte-Catherine et d'autres paroisses, et une au village d'Etterbeek, dans la banlieue de Bruxelles.

Il y a ceci de particulier dans ces actes rédigés en flamand, c'est que tous, excepté les trois premiers, portent en marge, tout aussi bien que ceux des vrais protestants, le mot *Protestant*, *Protestante*, ou *Gereformeert*. Dans le texte même de la plupart on trouve les désignations suivantes : *protestant*, — *van de protestante religie*, — *gereformeert*, — *eene protestante sinckinge*, — *eene gereformeerde begraeffenisse*, — *begraven door de protestanten*, — *op het gereformeert kerckhoff begraven* [2], etc., bien qu'il résulte à toute évidence par le contenu de l'acte, le nom et le domicile, que le défunt appartenait au culte mosaïque.

La teneur des actes de sépulture dans les registres de Sainte-Gudule est généralement conforme à l'article XIII de l'édit de Marie-Thérèse du 6 août 1778 [3], sauf qu'ils ne sont pas signés, ainsi que le prescrivait cet article, par l'ecclésiastique chargé de tenir ces registres. Il faut cependant remarquer que cet édit, non plus que les autres sur la même matière, ne parle ni des protestants ni des juifs, bien qu'il paraisse ne pas désigner exclusivement les seuls catholiques.

Pour la confirmation de ce que nous venons d'avancer, il nous suffira de publier les cinq premiers des actes dont il s'agit [4]. Nous traduisons littéralement :

---

[1] Nous ne nous rappelons plus s'il y a encore des enterrements de protestants enregistrés postérieurement à cette date dans le dernier registre mortuaire de Sainte-Gudule, clos le 9 thermidor an IV (27 juillet 1796).

[2] Protestant, — de la religion protestante, — réformé, — un enterrement de protestant, — un enterrement de réformé, — enterré par les protestants, — enterré dans le cimetière des réformés.

[3] Relatif aux registres de baptêmes, de mariages et d'enterrements. On trouve le texte flamand de cet édit dans le *Zesden Placcaert-boeck van Vlaenderen*, vergadert door Serruys, Gand, 1786, p. 337-343.

[4] Archives de l'état civil de Bruxelles : *Doodt register der collegiale ende parochiale kercke van de H : H : Michaël ende Gudila ende van het district der selve beginnende van den jaere* 1783.

Mars 1785.

1. Une enfant réformée dans la partie non bénite en dehors du cimetière de Ste-Gudile (*S : Gudilae*), qui y fut enterrée le 1 dito au soir, nommée Catharina, âgée de neuf mois, décédée le 1 dito à minuit, fille d'Elias Munis, graveur de son état, et de Jaquelina Salomonis, conjoints, demeurant rue des Jardins-aux-Choux, au Bataillon carré.

Avril 1785.

1. Un enterrement juif dans la partie non bénite en dehors du cimetière de Ste-Gud. : Leo Moyes (sic), de la religion juive, qui fut enterré le 1 dito au soir dans le dit cimetière non bénit par les juifs avec l'aide de mes deux fossoyeurs, lequel juif était graveur de son métier, décédé le 31 mars 1785 à midi, demeurant chaussée de Schaerbeek, au Léopard.

Août 1785.

1. Nota. Fut enterré par les juifs, avec l'aide de mes deux fossoyeurs qui ont creusé et comblé la fosse, et fut transporté dans notre char funèbre de Ste-Gudule.

Un enterrement juif dans le cimetière non bénit de Ste-Gud. : David Bamberg, de la religion juive, qui est décédé le 30 juillet 1785 à 4 heures 1/2 après midi, dans la maison du sieur Cnoeckaert, aubergiste, demeurant à l'Empereur, dans la rue du Marais, au Petit Marais.

Octobre 1786.

15. Protestante. Ex parochiæ (sic) Ste Cath^æ.

Une enfant de la religion juive dans le cimetière non bénit de Ste-Gud. : Rachaël, âgée d'un an, décédée le 13 dito à 9 heures du soir, fille d'Abraham Hongroi et de Guittio Monhein, demeurant rue du Curé-de-Ste-Catherine, dans la paroisse de Ste-Catherine.

24. Protestante. Gratis.

Une enfant réformée dans le cimetière non bénit de Ste-Gudile (*S : Gudilae*) : Gudila [1],

---

[1] Il est peu probable que cette enfant ait été appelée *Gudila* ou *Gudule*, nom inconnu chez les juifs. Il y a sans doute ici une corruption du nom de גיטלא *Gitle*, estropié naturellement par le prêtre de Sainte-Gudule chargé de tenir le registre mortuaire. Nous aurons un peu plus loin l'occasion de faire une remarque du même genre.

âgée de 13 mois, décédée le 23 dito, fille de Gabriel Heymans et de Rosalie Abraham, demeurant près de la petite chapelle de N.-D.-aux-Neiges.

L'article XXII de l'édit du 26 juin 1784 permettait de placer à la mémoire des défunts dans les nouveaux cimetières des épitaphes, pierres sépulcrales ou autres monuments, mais seulement contre les murs. Il existe encore, enfoncée dans le sol contre le mur du cimetière juif de Sainte-Gudule, une pierre tumulaire de la fin du siècle dernier. Elle a 60 centimètres de largeur sur 53 de hauteur hors du sol. On y lit l'épitaphe suivante :

פֿ"נ
אֹשֿת צדקה עשתה כא'
בגיל שרה מרים בת שלמה
אשת כֿהֿ בעֿנדיט נפטר ונק"
ביֿוֿ"ֿ גֿ עֿרֿ"חֿ שבט תֿקֿנֿהֿ לֿפֿֿק
תֿנֿצֿבֿהֿ

TRADUCTION : Ici est enterrée une femme vertueuse ; elle fit de bonnes œuvres comme Abigaïl, Sarah Miriam, fille de Salomon, épouse de Bendit ; elle trépassa, et elle fut enterrée le 3ᵉ jour veille de la néoménie de schebat, 555 du petit comput. Que son âme soit liée dans le faisceau des vivants.

Le 3ᵉ jour veille de la néoménie de schebat, ou 29ᵉ et dernier jour de tébeth, de l'an 555, correspond au mardi 20 janvier 1795.

Rapprochons de cette épitaphe l'acte mortuaire de la défunte [1] ; il est en flamand comme ceux donnés plus haut.

JANVIER 1795.

21. Protestant. — Un enterrement protestant : Maria Anna Salemans, épouse de Franciscus de Benois Aberham (sic)[2], décédée le 19 dito, à une heure après midi, demeurant rue des Jardins-aux-Choux.

Les contradictions apparentes entre les noms de ce document et ceux de l'épitaphe s'expliquent facilement : Le nom de *Miriam* (Marie), inconnu en dehors du judaïsme et que les juifs prononcent généralement *Mariam, Mariem, Meriem,* selon la prononciation

[1] Archives de l'état civil de Bruxelles : Dernier registre mortuaire de Saint-Michel et Sainte-Gudule, sans titre, commençant le 17 avril 1794 et finissant le 25 juillet 1796.
[2] « Huysvr⁰ van Franciscus van Benois Aberham ».

araméenne[1], devenait inévitablement pour une oreille chrétienne *Marie Anne*[2], en flamand *Maria Anna*. *Salemans* est évidemment *Salomon*, *Benois* est une traduction de *Bendit*, et le nom de *Franciscus* paraît s'être glissé dans l'acte par erreur[3]. Quant à la différence d'un jour pour l'enterrement, entre la date exprimée sur la pierre et celle de l'acte, c'est une erreur insignifiante, qui ne vaut pas la peine d'être relevée.

L'établissement définitif des Français depuis 1794 dans les pays belgiques, n'avait en rien modifié la législation existante pour ce qui concernait les lois et les coutumes particulières et les règlements de police de ces pays, « en tout ce à quoi » il n'avait pas été dérogé par les arrêtés des représentants du peuple[4]. A l'époque du décès de Sarah Miriam, et même plus tard, l'ancienne législation était encore en vigueur pour ce qui regardait les sépultures et les registres paroissiaux. C'est le 23 prairial an IV (17 juin 1796) que le directoire exécutif rendit obligatoires en Belgique les premières lois françaises sur l'état civil, et spécialement sur la tenue des registres, et ce n'est que le 23 prairial an XII (12 juin 1804) que parut le décret impérial sur les sépultures. Aucune disposition à ce sujet n'avait été publiée en Belgique, pensons-nous, durant l'intervalle qui sépare ce décret de l'édit du 26 juin 1784.

A Gand aussi, un tout petit enclos, attenant au grand cimetière catholique de la porte d'Anvers, fut établi sous le règne de

---

[1] Lowe, *The Memorbuch of Nürnberg*, dans *the Jewish Chronicle*, n° 643, July 22, 1881, p. 13. — Avé-Lallemant, *Das Deutsche Gaunerthum*, III^{er} Theil, Leipzig, 1862, p. 411.

[2] Nous avons trouvé bien d'autres exemples de cette confusion, notamment dans le registre aux actes déclaratoires des juifs de Bruxelles, ouvert en exécution du décret impérial du 20 juillet 1808 concernant les noms des juifs, où des femmes qui signaient מרים, *Mariam*, *Mariamm*, sont appelées *Marie Anne* dans le corps des actes.

[3] Veut-on se faire une idée des variations de noms juifs à cette époque ? Cette même Miriam, fille de Salomon, est appelée dans les mêmes registres paroissiaux de trois manières différentes, dans les actes mortuaires de trois de ses enfants : *Maria Anna* tout court (26 mars 1787), *Maria Anna Lantbore* (26 juillet de la même année), *Maria Anna Salmon* (6 février 1793). Son mari est nommé dans le premier et le troisième de ces actes *Benoît Abraham*, dans le deuxième *Benvoit Abraham*. Dans les pièces relatives à la demande d'admission de celui-ci à la bourgeoisie de Bruxelles en 1785 (Arch. du royaume : Conseil privé, carton n° 1293) on lit *Benedictus Braham*, *Benoît Bramm* ; il signait *Benois Bramm*. Heureusement que l'état civil a mis un terme à de telles fantaisies !

[4] Voir l'arrêté des représentants du peuple près les armées du Nord et de Sambre et Meuse, donné à Bruxelles le 27 thermidor an II (14 août 1794), art. X. — Aux termes de l'arrêté du directoire exécutif du 16 frimaire an V (6 décembre 1795), tous les actes insérés au *Bulletin des lois*, publié à Paris, ont, à partir de cette époque, la même force obligatoire en Belgique qu'en France. Les lois françaises antérieures à cet arrêté n'étaient obligatoires en Belgique que lorsqu'elles y avaient reçu une publication particulière.

Joseph II pour les inhumations des juifs[1]. Il ne renferme qu'un seul monument funéraire, de 80 centimètres de hauteur sur 60 de largeur et 2 d'épaisseur, composé de trois ais de chêne assemblés, découpé en forme de tables de la loi et fixé au mur par des crampons. On y lit les deux épitaphes suivantes, gravées en creux, l'une en flamand, l'autre en hébreu :

HIER LIGT
BEGRAVE
COSEL LEVY
OP DEN 27
MAERTE
1786
· ת'נ'צ'ב'ה' ·

· פ"נ ·

· געטשלק ·

· ב"ר ליב ב'יו'ט' ·

· ב" כ"ז א"'ש ת'ק'מ'ר' ·

· לפק ·

· ת"נצ"בה" ·

Au-dessous est gravé un sablier posé sur deux tibias croisés.

TRADUCTION.

Ci git
enterré
Cosel Levy
le 27
mars
1786.

Que son âme soit liée
dans le faisceau des vivants.

Ici est enterré
Gezschlick,
fils de R. Löw (ou Leib), dans le jour
2º (lundi), 27 du deuxième adar 546
du petit comput.

Que son âme soit liée dans le faisceau des vivants.

Cosel correspond à *Gezschlick* qui lui-même est un nom vulgaire (כנוי *kinnoui*) équivalant à אליקים *Eliakim*. *Löw* ou *Leib* n'est ici qu'une variante de *Levy*. Les dates de l'ère chrétienne et de l'ère juive concordent parfaitement.

Cette double épitaphe et l'épitaphe de Bruxelles sont, outre celle de Tirlemont, les seules inscriptions judaïques, antérieures au xix⁰ siècle, qui existent en Belgique[2]. La destruction des cimetières

---

[1] Ce petit cimetière israélite a 8ᵐ,90 de long sur 7ᵐ,50 de large, dans œuvre. On n'y avait accès que par l'intérieur du cimetière catholique.

[2] C'est bien avec intention que nous disons judaïques et non pas hébraïques, car, pour notre part, nous connaissons en Belgique deux anciennes inscriptions en hébreu, qui n'ont d'autre rapport que la langue avec le judaïsme. Nous les ferons connaître à titre de curiosité.

La première est une sorte d'inscription cabalistique, gravée sur une pierre bleue encastrée dans la façade d'une maison de la rue de Namur à Louvain.

supprimés où elles se trouvent étant imminente, elles sont fatalement destinées à disparaître prochainement, et il n'en restera peut-être bientôt plus d'autre souvenir que la présente description.

Une mention bien vague nous apprend qu'en vertu d'un décret du 14 mars 1784, antérieur par conséquent à la grande réforme de Joseph II en matière de sépultures, il avait été permis aux juifs d'avoir un cimetière à Ostende [1], mais ce cimetière ne paraît pas avoir jamais été établi.

Enfin nous avons appris qu'à Mons, vers la fin de la domination autrichienne, des obsèques publiques furent faites à une femme juive par ses coreligionnaires. Ceux-ci, couverts du *talleth* (voile pour la prière), accompagnèrent le corps de la défunte en dehors de la ville. Nous n'avons pu savoir si elle fut inhumée dans la banlieue de Mons ou transportée ailleurs. On avait laissé les juifs profiter de la permission récemment accordée aux protestants par l'article 3 du décret des gouverneurs généraux du 15 décembre 1781 : « Les enterremens des acatholiques pourront se faire publiquement et avec l'assistance de leurs ministres [2]. »

Voilà les seuls souvenirs que nous avons pu recueillir sur les sépultures des juifs en Belgique jusqu'à la fin du XVIIIe siècle. Bien

יהוה
יהשוה

ce qui semble vouloir signifier יהוה יהוה שדי, *l'Eternel Dieu tout-puissant.* Autour des mots hébreux il y a l'inscription latine suivante disposée en cercle : *Joannes Sexagius in fundo ab avo materno pauperibus addicto construxit A° 1567.*

La maison qui porte ces inscriptions était primitivement l'école des pauvres de la paroisse de Saint-Quentin, que Jean van 't Sestich (*Sexagius*) fit construire en 1567 sur un terrain provenant de son aïeul maternel (Van Even, *Louvain monumental*, Louvain, 1860, p. 284).

L'autre inscription hébraïque se trouve dans l'église de la petite ville de Chièvres, en Hainaut. Elle est gravée sur le mausolée de dame Charlotte d'Elmont, femme de messire Jean Laurent, chevalier, seigneur de Preumontaulx et d'Audregnies, premier conseiller du prince en son conseil à Mons et bailli de la ville et pairie de Chièvres, trépassée à Mons en 1604. Cette inscription est ainsi conçue סֵאֶת יְהֹרֶת הָיְתָה זֹאת, qu'il faut lire évidemment מֵאֵת יְהֹוָה הָיְתָה זֹאת, *ce fut la volonté de l'Éternel;* cf. Josué, XI, 20. D'autres pensées et devises en latin et en français accompagnent l'inscription hébraïque.

[1] Nous trouvons cette mention dans la *Liste chronol. des édits et ordonn. des Pays-Bas autrichiens de 1751 à 1794*, 2e partie, Bruxelles, 1858, p. 55. Cette liste, qui n'indique ni l'autorité d'où ce décret est émané, ni l'endroit où il fut donné, se borne à dire qu'il existe aux archives de la ville d'Ostende et qu'il figure sur une liste envoyée par l'administration communale de cette ville à la commission royale pour la publication des anciennes lois et ordonnances de la Belgique. Nous savons de source certaine que les archives d'Ostende ne sont plus en possession de ce document.

[2] Il faut cependant bien remarquer que le mot *acatholiques* ne désigne ici que les seuls protestants. Le décret en question est ampliatif de celui du 12 novembre précédent concernant la tolérance civile à l'égard de ceux-ci. Une copie de ce décret se trouve dans le registre aux consultes du conseil de Brabant n° 58, fol. 230, aux archives du royaume.

qu'il n'entre pas dans notre dessein de dépasser les limites de l'ancien régime, nous ne croyons cependant pas hors de propos d'ajouter quelques mots sur les cimetières israélites du siècle actuel.

Le cimetière juif de Sainte-Gudule servit de lieu d'inhumation à la communauté de Bruxelles jusqu'en 1829. Outre la tombe de Sarah Miriam décrite plus haut, il s'y trouve encore aujourd'hui dix-huit pierres de notre siècle : la plus ancienne est de 1804, la plus récente de 1828 ; la plupart des épitaphes sont exclusivement en hébreu.

Comme il ne s'y trouvait plus de place vide, la communauté demanda un nouvel emplacement ; la fabrique de l'église de Notre-Dame-de-la-Chapelle ayant consenti à lui céder un terrain dépendant de son cimetière à Saint-Gilles, la régence de Bruxelles transféra le cimetière israélite en cet endroit par une résolution du 11 février 1829 [1]. On y enterra jusqu'en 1877. Cette année, l'administration communale ayant décrété l'établissement d'un cimetière général sur le territoire de la commune d'Evere, tous les cimetières paroissiaux et particuliers furent supprimés et celui des juifs fut compris dans la mesure générale. Le consistoire israélite pria le conseil communal de Bruxelles de lui assigner une place particulière dans le cimetière général pour servir de lieu d'inhumation aux israélites, mais sa demande fut unanimement rejetée dans la séance du 29 novembre 1877. Depuis lors, un assez grand nombre d'israélites de Bruxelles furent enterrés dans une partie réservée du cimetière communal d'Uccle, localité voisine de cette ville, et quelques-uns furent transportés à Nivelles, à quelques lieues de la capitale.

Nous ignorons quand cessèrent les inhumations dans le petit cimetière juif établi à Gand sous le règne de Joseph II. Il fut sans doute supprimé de bonne heure à cause de son exiguïté. En 1847, la ville de Gand fit don à la communauté israélite d'un lieu de sépulture attenant au grand cimetière catholique de la porte de la Colline. Avant cette époque, les juifs décédés à Gand étaient transportés à Saint-Gilles, près de Bruxelles. En 1877, les cimetières des divers cultes furent aussi supprimés par l'administration communale de Gand, et, depuis lors, quelques inhumations de juifs de cette ville eurent lieu dans d'autres localités, notamment dans le Brabant hollandais.

« Un arrêté du maire de Mons, Edmond Du Pré, daté du 18 septembre 1815, accorda au sieur Elias Schenberg, chef de la religion

---

[1] Wauters, *Hist. des environs de Bruxelles*, Bruxelles, 1855, t. III, p. 29.

israélite en cette ville, un terrain dans un angle du cimetière général, pour y enterrer les morts de cette religion, à la condition d'enclore de murs la partie non fermée de ce terrain et d'y faire une porte d'entrée. C'est ce qui fut exécuté d'après les dimensions données par l'architecte de la ville [1]. » Un nouveau terrain fut accordé aux juifs, en 1839, dans le même cimetière agrandi, et ils y ont transféré leurs morts. Il était séparé des autres sépultures par une haie morte qui a été abattue il y a peu d'années, lorsque le cimetière de Mons eut cessé d'être divisé par cultes.

Le cimetière des juifs de Namur fut établi sous la domination hollandaise par les membres de la communauté de cette ville, près d'un endroit appelé le Beau Vallon [2].

A Anvers, le cimetière actuel fut accordé à la communauté en 1828.

Le cimetière de Liège est plus récent. La plus ancienne épitaphe qui s'y trouve est de 1842; elle est en hébreu.

Celui d'Arlon ne remonte qu'à 1856. La première en date des épitaphes qu'il renferme est du 20 novembre de cette année; elle est en hébreu et en français. Auparavant les morts de la communauté d'Arlon étaient transportés à Luxembourg.

Les israélites décédés dans cette dernière ville, à la fin du siècle précédent et au commencement de ce siècle, étaient transportés à Freudenbourg, petite bourgade de l'électorat de Trèves, située près de Saarbourg, à six lieues environ au S.-E. de Luxembourg. Ce n'est que vers 1806 qu'un cimetière israélite fut établi près de cette ville. Les deux plus anciennes épitaphes encore lisibles que l'on y voit sont en français et datent de 1822 et de 1824; il y en a d'antérieures en hébreu, mais les caractères en sont tout à fait frustes. Durant le blocus de la forteresse par les troupes hessoises, dans les premiers mois de 1814, alors que le typhus exerçait d'épouvantables ravages dans la ville, les cadavres des israélites, ne pouvant être transportés dans le cimetière situé au milieu des lignes d'investissement, furent enterrés dans les fossés de la place, où la trace de leurs sépultures fut bientôt perdue.

---

[1] Bernier, *Dict. géog., histor., archéol., biogr. et bibliogr. du Hainaut*, Mons, 1879, p. 353, en note.
[2] *Annales de la Soc. archéol. de Namur*, t. IX, 1865-1866, p. 308.

III.

SERMENTS DES JUIFS.

On sait combien les formules de serments *more judaico* renferment de malédictions et d'imprécations horribles contre les parjures; on sait aussi de quelles cérémonies ridicules, extravagantes, parfois même obscènes, certaines législations accompagnaient la prestation du serment faite par un juif. Dans un capitulaire de Charlemagne et de Louis le Débonnaire[1] et dans un rescrit de l'empereur byzantin Constantin VIII[2], sont déjà contenues des dispositions que l'on voit dans le droit saxon et dans le droit souabe du moyen âge[3], et que l'on retrouve dans des ordonnances plus récentes édictées en divers pays. Ces dispositions et ces formules, qui n'ont leur origine ni dans la loi écrite, ni dans la loi orale des israélites, contrairement à ce qu'a cru plus d'un jurisconsulte, ne tendaient qu'à dégoûter le juif du serment et à attirer en même temps sur lui la défiance et le mépris.

Les serments *more judaico*, qui nous paraissent avoir été en usage dans les pays belgiques, bien que présentant des formules analogues à celles usitées autrefois en Allemagne, formules dans lesquelles on n'épargnait point au parjure les malédictions, n'étaient cependant accompagnés ni de cérémonie grotesque ni d'appareil odieux.

Ainsi, d'après une ancienne formule en allemand, qui se trouve en tête du registre A des archives de la ville de Luxembourg[4] et qui nous paraît y avoir été inscrite au xvii° siècle, le juif se bornait en jurant à poser la main sur sa poitrine. Voici, au surplus, le texte de cette formule :

Juramentum Iudaei.

Ponendo manum supra pectus.

Ich N. Jude schwehre bey dem lebendigen Gott der himmel vundt

---

[1] *Monumenta Germaniae historica*, t. III (Legum t. I), Hannoverae, 1835, in-fol., p. 194.

[2] Leunclavius, *Jus graeco-romanum*, Francofurti, 1596, t. I, p. 118–120.

[3] Voir le *Sachsenspiegel* et le *Schwabenspiegel*.

[4] Ce registre renferme des copies de documents de toute espèce, faites au xvii° et au xviii° siècle, jusqu'en 1735.

erde geschaffen hatt, dasz ich die warheit, so viell mir wissendt, in dieszer gantzer sachen sagen will, vndt keinerley falsch, betrugs oder vnwarheit darin gebrauchen oder inmischen, vundt wo ich vnrecht schwehre, dasz ich ewiglichen vermaladeyet vundt verflucht seye, vundt soll mich verzehren dasz feuer, dasz Sodoma vndt Gomorra vbergings, vundt alle fluch die in *Thora*, im gesetz geschrieben, vundt mich die erde verschluck, wie Datan vndt Abiron, dasz auch meine frauw eine wittfrauw, vundt meine kinder weyssen werden, alszo helff mir das alles vundt jedes, der wahre Gott *Adonai.*

TRADUCTION : Moi, N., juif, je jure par le Dieu vivant, qui a créé le ciel et la terre, que je dirai la vérité, autant que je la connais, dans toute cette cause, et que je n'y emploierai ou n'y mêlerai aucune fausseté, tromperie ou mensonge ; et si je me parjure, que je sois éternellement maudit et réprouvé, et que me dévore le feu qui tomba sur Sodome et Gomorrhe, ainsi que toutes les malédictions écrites dans la *Thora*, dans la loi, et que la terre m'engloutisse comme Dathan et Abiron ; qu'en outre ma femme devienne veuve et mes enfants orphelins. Ainsi m'aide en tout cela le vrai Dieu *Adonaï.*

Ce serment a-t-il jamais été en usage à Luxembourg? C'est ce qu'aucune indication ne nous fait connaître.

Le même doute existe pour la formule suivante, qu'un ancien arrêtiste, Pierre-Jacques Brillon, conseiller au conseil souverain de Dombes, appelait « la formule du serment juif de la ville d'Anvers ».

Brillon disait en parlant de ce serment : « Il est journellement en usage et observé à Amsterdam, Vienne, Francfort, et autres lieux, où les juifs ont leurs synagogues et résidences [1]. »

C'est là une erreur : Anvers n'avait pas de formule de serment *more judaico* qui lui fût propre. Ce serment prétendu d'Anvers n'est autre qu'une des deux formules prescrites par une ordonnance de la chambre impériale, rapportées en traduction flamande par le jurisconsulte Anselmo dans son *Tribonianus belgicus* [2], d'après le texte allemand publié par Noë Meurer dans sa *Kammergerichtsordnung* [3].

Nous ne connaissons aucune ordonnance prescrivant l'usage à

---

[1] Brillon, *Dictionnaire des arrêts,* nouv. édit., Paris, 1727, t. III, p. 978. Brillon rapporte d'après des « notes de M. Maillard » tout ce qu'il dit de ce serment.

[2] Bruxellis, 1663, p. 138 ; — editio nova, Antverpiæ, 1692, p. 138.

[3] Voici le titre de cet ouvrage, que nous n'avons pu malheureusement consulter : *Kammergerichtsordnung und Procesz neben allerley desselben Formen und Exemplaren,* Frankfurt, 1567, in-fol. Une autre édition fut imprimée chez Gaspar Behem à Mayence en 1584, in-fol.; c'est de cette dernière qu'a fait usage Anselmo.

Anvers de l'une ou de l'autre de ces formules; toutefois le même
Anselmo rapporte que, dans un procès en 1657, le défendeur, Lopo
Ramirez, juif d'Amsterdam, résidant alors momentanément à
Anvers à cause de ses affaires, invité par le demandeur à prêter
serment suivant l'une de ces formules, se déclara disposé à jurer
selon la manière accoutumée chez les juifs et selon une formule
à proposer par le juge, « *se paratum praestare juramentum more
inter Iudaeos solito, et juxta formulare a judice proponen-
dum* »[1]. Anselmo ne nous fait point connaître la suite de cette
affaire, mais il est probable que l'une des deux formules en question fut alors employée.

La formule prétendue d'Anvers fut sans doute encore plus tard
en usage dans cette ville, car nous la retrouvons transcrite dans
l'*Eedboek* ou livre des serments, conservé dans ses archives. Ce
registre, qui avait été fait spécialement pour la joyeuse entrée à
Anvers de l'archiduc Charles, depuis l'empereur Charles-Quint,
comme marquis du Saint-Empire, le 12 février 1514 (1515, nouveau style), contient la formule du serment du souverain et celles
des divers officiers[2]. Il renferme en outre des formules des siècles
suivants; et c'est ainsi que celle du serment des juifs y fut insérée
au xviii° siècle, à en juger d'après l'écriture. C'est, à quelques
légers changements près, l'une des deux rapportées par Anselmo.
En voici la transcription :

FORMULIER VANDEN EEDT DER JODEN.

Soo eenen jode eedt doen wilt[3], soo moet hy den boeck Moyses
by hem hebben, daer inne de thien. geboden geschreven staen[4];
als dan sal men den jode al eer hy den eedt doet, met de naervolgende woorden belasten ende besweiren[5] : Ick besweire u jode, by
het verbondt dat Godt schreeff ende gaff Moyses[6] op den bergh
Sinai, dat gy u wilt bedencken ende seggen oft desen boeck[7] is daer
op eenen jode tegens eenen christenen oft jode sweiren sal ende

---

[1] Anselmo, *l. c.*

[2] Génard, *Joyeuse entrée et inauguration de l'archiduc Charles à Anvers, en* 1515;
dans les *Bull. de la commission royale d'histoire*, 4e série, t. I, Bruxelles, 1873,
p. 394-395. Nous devons à l'obligeance de l'auteur même de cette notice, M. Génard,
archiviste de la ville d'Anvers, les renseignements que nous donnons sur cet *Eedboek*
et la copie de la formule que nous transcrivons.

[3] Le texte d'Anselmo porte : « Item soo eenen jode eenen eedt sweiren wil ».
Nous nous bornons à indiquer les variantes principales d'Anselmo.

[4] Ans.: « gheschreven zyn ».

[5] Ans.: « al eer hy den eedt sweire, met de hier naer ghescreven woorden beladen,
ende besweiren ».

[6] Ans.: « Moysi ».

[7] Ans.: « desen den boeck ».

mach. Spreekt dan den jode, dat het den selven boeck is, soo sal men hem besweiren by het selfde verbondt dat hy sal soecken het woort *Lanissa*[1] in de thien geboden, ende soo wanneer hy dat gesoght ende gevonden heeft, soo sal hy syne rechte handt tot aen syn kneuckels[2] op het selve woort in den boeck leggen, ende dese naervolgende woorden naerseggen[3] :

In de saecke daer inne ick gevraeght worde, wil ick de waerheyt seggen ; alsoo sweire ick, dat my helpe Godt, die hemel ende aerde, bergen ende daelen[4], looff ende gras geschapen heeft, daer het niet en was[5] ; ende in gevalle ick onrecht sweire, dat Godt peck ende solfer op my laet regenen[6] gelyck het geregent heeft op Soddoma ende Gomora ; ende soo ick onrecht sweire, dat ick versincke in de aerde als dede Datam ende Habiron[7] ; ende soo ick onrecht sweire, dat ick in eenen soutsteen verandere gelyck de huysvrouwe van Loth als sy omsagh[8] ; ende soo ick onrecht sweire, dat my de laesernye ende melaetsheyt[9] bevange, gelyck Ananaa ende Sanaa, Moyses susters[10] ; ende soo ick onrecht sweire, dat myn saet noyt tot ander saet come ; ende soo ick onrecht sweire, dat my bevange de gichte ende vallende sichte, ende het bloet door my gaet ; ende soo ick onrecht sweire, dat myn lyff vervloecht sy ende noyt en come in Abrahams schoot.

La traduction qui se trouve dans Brillon[11] étant peu exacte, et le préambule d'ailleurs y étant omis, nous croyons utile d'en donner ici une nouvelle :

---

[1] Ans.: « Lasissa ». Ce n'est ni *Lasissa* ni *Lanissa* qu'il faut ici, mais bien évidemment *lau ssisso* ou *lo thissa*, premiers mots du troisième commandement (*Exode*, xx, 7) : *lo thissa eth schem* ..:, tu ne prendras point le nom de l'Éternel ton Dieu en vain. *Lau ssisso* est la prononciation des juifs allemands, *lo thissa* celle des juifs portugais.

[2] Ans.: « aen de kneukels ».

[3] Ans.: « dese naebeschrevene woorden nae-spreken ».

[4] Ans.: « bergh ende dal »,

[5] Ans.: « niet was ».

[6] Ans.: « dat het peck ende solfer op my reghene ».

[7] Ans.: « dat ick versincken moet inder aerden, als dede Dathan, ende Abyron ».

[8] Ans.: « dat ick in eenen sout-steen verandere, als de huysvrouwe van Loth doen sy omsach ».

[9] Ans.: « lazarye ende melaetsheydt ».

[10] Ans.: « gelyck Naaman ende Ianna Moyses suster », *Ananaa*, *Sanaa* et *Ianna* sont des transcriptions erronées. Il s'agit certainement ici de Naaman, le général syrien qui fut guéri de la lèpre par Josué (voir II *Rois*, ch. v), et de Marie (Miriam) sœur de Moïse, qui fut frappée de lèpre pour avoir murmuré contre ce dernier (voir *Nombres*, ch. xii).

[11] *Dict. des arrêts*, t. III, p. 978-979, Cette traduction a été reproduite d'après Brillon par Martin, de Strasbourg, avocat à la cour de cassation de France, dans le *Mémoire ampliatif pour le sieur Lazare Cerf, propriétaire, domicilié à Saverne (Bas-Rhin), demandeur en cassation*, etc.,Paris, s. d. (vers 1844), in-8°, p. 61, en note.

Formulaire du serment des juifs.

Si un juif veut prêter serment, il doit apporter le livre de Moïse,
où sont écrits les dix commandements ; alors, avant qu'il prononce
le serment, on lui fera entendre les paroles suivantes et on l'adjurera en ces termes : Je t'adjure, juif, par l'alliance que Dieu écrivit
et donna à Moïse sur le mont Sinaï, que tu veuilles te recueillir et
dire si ce livre est celui sur lequel un juif doit et peut jurer à l'égard
d'un chrétien ou d'un juif. Si le juif dit alors que c'est ce livre
même, on l'adjurera par la même alliance de chercher le mot *Lanissa*[1] dans les dix commandements ; et lorsqu'il l'aura cherché et
trouvé, il posera la main droite jusqu'aux articulations sur ce même
mot dans le livre, et prononcera les paroles suivantes :

Dans la cause où je suis interpellé, je veux dire la vérité : Ainsi
je jure que m'aide Dieu, qui a créé ciel et terre, montagnes et val-
lées, feuillage et herbage, où était le néant ; et en cas que je me parjure, que Dieu fasse pleuvoir sur moi de la poix et du soufre, comme
il en a fait pleuvoir sur Sodome et Gomorrhe ; et si je me parjure, que
je sois englouti dans la terre comme Dathan et Abiron ; et si je me
parjure, que je sois changé en une pierre de sel, comme la femme de
Lot quand elle regarda derrière elle ; et si je me parjure, que la la-
drerie et la lèpre me saisissent, comme Naaman et Marie sœur de
Moïse[2] ; et si je me parjure, que ma semence ne produise jamais
d'autre semence ; et si je me parjure, que la goutte et le mal caduc
me saisissent et que mon sang s'échappe ; et si je me parjure, que
mon corps soit maudit et n'entre jamais dans le sein d'Abraham.

A Gand, dans l'assemblée du magistrat du 23 septembre 1724,
on avait mis en délibération la question de savoir si un juif, devant se justifier sous serment, pouvait se borner à jurer en cette
forme : *Ainsi doit m'aider Dieu tout-puissant*[3], ou s'il devait
prêter serment à la manière juive[4]. Il fut résolu et décidé qu'il
était tenu de prêter serment sur le Pentateuque, la main droite
posée jusqu'aux articulations sur le mot *Lossissa*[5], dans les dix
commandements, et de prononcer la formule suivante :

Inder saecken daer in ick ghevraeght worde, wil ick de waerheyt
seggen ; alsoo sweere ick dat my helpe Godt, die hemel ende aerde,
bergh ende dal, loof ende gras gheschaepen heeft, daer het niet was,

---

[1] Voir la note 1 de la page précédente.
[2] Voir la note 10 de la page précédente.
[3] « Zoo moet my Godt almachtigh helpen ».
[4] « Op de jotsche maniere ».
[5] « 'T woordt *Lossissa* », c'est-à-dire *lau ssisso* ou *ló thissà*, comme plus haut.

ende in ghevalle ick onrecht sweere, dat het peck ende solfer op my reghene [1].

TRADUCTION : Dans la cause où je suis interpellé, je veux dire la vérité ; ainsi je jure que m'aide Dieu, qui a créé ciel et terre, montagne et vallée, feuillage et herbage, où était le néant ; et en cas que je me parjure, qu'il pleuve sur moi de la poix et du soufre.

C'est, comme on le voit, presque identiquement, le commencement de la formule prétendue d'Anvers, avec le même cérémonial.

Enfin, dans les réformes introduites par Joseph II pour l'administration de la justice aux Pays-Bas, nous trouvons encore des prescriptions spéciales sur la manière de faire prêter serment à un juif. Les *Instructions générales pour les tribunaux de justice établis aux Pays-Bas autrichiens* [2] donnent tout au long le cérémonial de la prestation du serment. Carmoly ayant publié textuellement les paragraphes relatifs à ce cérémonial [3], nous jugeons inutile de les reproduire à notre tour, d'autant plus que les formules y sont d'une prolixité qui n'a jamais, pensons-nous, été dépassée. Il est probable, d'ailleurs, qu'on n'eut jamais l'occasion de le mettre en pratique ; on sait que les tentatives de réforme législative de Joseph II ne furent pas couronnées de succès, et que la révolution brabançonne vint bientôt opposer aux desseins de l'empereur des obstacles qui les firent avorter.

L'histoire du serment *more judaico* ne finit pas avec l'ancien régime. On pourrait la continuer jusquè dans notre siècle, puisque des procès, assez récents même, ont remis en Belgique et surtout en France, ce curieux sujet sur le tapis. Dans ce dernier pays, qui a avec la Belgique tant d'affinités de jurisprudence, on tenta même encore à diverses reprises de ressusciter un cérémonial suranné. Mais nous devons nous borner et renvoyer le lecteur, désireux de franchir les limites que nous nous sommes tracées, aux arrêts des différentes cours qui furent appelées à se prononcer sur la question du serment des juifs [4].

---

[1] Archives de la ville de Gand : *Resolutie boeck*, 1720-1726, fol. 94. Nous avons tiré ces renseignements du document CCXXXVII, que l'on nous a communiqué en épreuve, du tome II, actuellement sous presse, de la *Coutume de la ville de Gand*, éditée par les soins de la commission pour la publication des anciennes coutumes de la Belgique.

[2] A Bruxelles, chez B. Le Francq, imprimeur-libraire, rue de la Magdelaine, 1787, vol. de 140 pages in-8° et six tableaux. Ce qui se rapporte au serment des juifs y est contenu dans les §§ 129-134.

[3] *Rev. orientale*, t. I, p. 261-264.

[4] Voir aussi les deux mémoires suivants, où le sujet est savamment développé : 1° *Consultation délibérée sur la question de savoir : si les israélites belges peuvent être soumis à prêter le serment conformément au rite de la religion juive ?* Par H. Lavallée,

IV.

TENTATIVES FAITES PAR DES JUIFS POUR S'ÉTABLIR AUX PAYS-BAS CATHOLIQUES.

Les juifs avaient été bannis en 1370 du Brabant, du Limbourg, et très probablement aussi du Luxembourg, c'est-à-dire des États de la duchesse Jeanne et du duc Wenceslas. La triste condition à laquelle ils furent réduits sous la domination des ducs de Bourgogne fit disparaître peu à peu des autres parties des Pays-Bas, sans qu'ils en aient jamais été formellement bannis, les juifs français et allemands qui s'y étaient fixés. Il n'en restait presque plus de traces lorsque, à la fin du xvᵉ siècle, leurs coreligionnaires espagnols et portugais, chassés de la Péninsule, pénétrèrent dans nos contrées.

Vers le milieu du xviᵉ siècle, de sévères édits de Charles-Quint, visant surtout les nouveaux chrétiens ou juifs baptisés qui, sous profession apparente du christianisme, pratiquaient en secret le culte mosaïque, bannirent de nouveau les juifs de cette partie des États impériaux.

Au commencement du siècle suivant, bien que par l'article 4 de la trêve de douze ans, conclue le 9 avril 1609 entre les États-Généraux des Provinces-Unies et Albert et Isabelle, souverains des Pays-Bas catholiques, il eût été permis aux sujets et aux habitants de part et d'autre d'aller et de venir d'un pays à l'autre, d'y séjourner et d'y exercer leur trafic et leur commerce en toute sûreté[1], Albert et Isabelle, par une décision de 1617, refusèrent cette faculté à un juif d'Amsterdam, parce que les juifs n'avaient pas été bannis pour cause de guerre civile ou de religion, mais à raison du sacrilège de 1370[2].

avocat à la cour d'appel de Bruxelles; avril 1836. (Bruxelles), imprimerie de C.-J. De Mat, 43 pages in-8°. — 2° *Cour de cassation. Chambre des requêtes. Mémoire ampliatif pour le sieur Lazare Cerf, propriétaire, domicilié à Saverne (Bas-Rhin), demandeur en cassation ; contre le sieur Isaïe Gougenheim, propriétaire, demeurant à Haguenau, défendeur éventuel. Question. Les israélites français peuvent-ils, en matière civile, être assujétis à un serment spécial, différent du serment imposé aux autres citoyens ?...* (Par Martin, de Strasbourg, avocat à la cour de cassation de France.) Paris, imprimerie de Wittersheim, sans date (vers 1844), 95 pages in-8°.

[1] Voir le texte de cette trêve dans Du Mont, *Corps universel diplomatique*, t. V, partie ii, Amsterdam et La Haye, 1728, p. 99-101.

[2] Zypaeus, *Iuris pontificii novi analytica enarratio*, editio denuo auctior, Coloniae

Cependant, malgré cette exclusion formelle, quelques juifs espagnols et portugais, venus de Hollande, osèrent enfreindre la rigueur des édits de proscription. A partir surtout de la paix de Westphalie, on en vit arriver un assez grand nombre dans les Pays-Bas catholiques. S'appuyant en effet sur les termes de l'article 4 du traité de Munster, conclu le 30 janvier 1648 entre Philippe IV, roi d'Espagne, et les États-Généraux des Provinces-Unies[1], article analogue à celui dont nous venons de parler, et pendant que des négociations diplomatiques étaient engagées pour leur permettre de commercer en Espagne[2], ils se crurent autorisés à faire le trafic avec une certaine liberté dans les Pays-Bas catholiques, cette autre partie des États de Philippe IV.

Se confiant dans la protection qu'on leur devait en ces pays comme sujets des États-Généraux[3], ils allaient et venaient pour les affaires de leur commerce, et il y en eut même qui tentèrent de s'y établir d'une manière fixe et permanente. Ainsi, sous l'administration de l'archiduc Léopold-Guillaume[4], à une époque que nous ne pouvons préciser, quelques juifs de Hollande firent au gouvernement, alors dans une extrême pénurie, des offres considérables d'argent afin de pouvoir demeurer librement dans la petite ville de Vilvorde, à deux lieues de Bruxelles[5], et sans doute aussi à Anvers.

Agrippinae, 1641, p. 331; — Zypaeus, *Notitia iuris belgici*, editio nova, Antverpiae, 1665, p. 269; — Anselmo, *Tribonianus belgicus*, Bruxellis, 1663, p. 136-137; — editio nova, Antverpiae, 1692, p. 136-137; — *Remarques et raisons...* de l'évêque d'Anvers, Ambroise Capello, datées du 19 novembre 1672, publiées par le baron de Reiffenberg dans les *Nouv. archives hist. des Pays-Bas*, t. V, p. 325-332. — Voir encore les *Rationum momenta...* de l'archidiacre de Malines, Coriache, en date du 25 décembre 1672, publiés par Foppens dans le t. IV des *Opera diplomatica* de Miraeus, Bruxellis, 1748, p. 699-701.

[1] Voir le texte de ce traité dans Du Mont, ouvrage cité, t. VI, partie i, 1728, p. 429-435.

[2] Voir le résumé de ces négociations, qui paraissent avoir été interrompues, dans Koenen, *Geschiedenis der Joden in Nederland*, p. 151-156.

[3] A la vérité, ils ne furent déclarés sujets des États-Généraux que par une résolution du 13 juillet 1657; voir Koenen, *ibid.*, p. 154.

[4] L'archiduc Léopold-Guillaume d'Autriche, fils de l'empereur Ferdinand II et frère puîné de l'empereur Ferdinand III, fut gouverneur général des Pays-Bas catholiques de 1647 jusqu'en 1656.

[5] Nous trouvons ce renseignement dans un exemplaire de l'*Historia sacra et profana archiepiscopatus Mechliniensis* de Van Gestel (Hagae Comitum, 1725, in-fol., 2 tomes reliés en un vol.), annoté en 1748 par le prêtre Jacques Goyers, et conservé parmi les manuscrits de la bibliothèque royale de Bruxelles, sous le n° 16,523. Goyers y a écrit la note suivante à la page 130 du tome I : « Tempore Serenis. Archiducis Leopoldi Austriaci, Belgii nostri gubernatoris, ac rursum anno 1674. tentârunt judaei quidam apud Hollandos commorantes, sedem suam figere in oppido Vilvordiensi, offerentes eum (*sic*) in finem, et pro libero suae religionis ac commercii exercitio, praeter ingens tributum annue praestandum, honorarium circiter quinque millionum, pro hocce privilegio obtinendo. Sed obstitere totis viribus archiepiscopus

C'est, selon toute apparence, afin de prendre une résolution à
cet égard, que l'archiduc Léopold-Guillaume ordonna à une
commission spéciale d'examiner la demande qui lui était soumise
et de préparer une décision. Cette commission fut composée pour
la circonstance de trois conseillers d'État, Jacques Boonen, archevêque de Malines, Jacques Dennetières, trésorier général des
domaines et finances, et Charles de Hovines; auxquels l'archiduc
adjoignit Philippe-Guillaume de Steenhuys, conseiller au conseil
privé, Robert Asseliers, chancelier de Brabant, et François
Ricard, conseiller au conseil de Brabant[1]. Le résultat de la
délibération de ces personnages nous est connu par la *consulte*
suivante, en espagnol, qu'ils adressèrent à l'archiduc :

✝

Ser^{mo} Señor,

Haviendonos juntado en conformidad de la orden de V. A. dirigida
al cons^{ro} Hovines, que nos ha declarado la materia sobre que V. A.
ha mandado le consultasemos, y para satisfacer mas particular, y
distinctam^{te} se ha divido la deliberacion en cinco puntos.

El primero si segun derecho divino, o humano, canonico, o civil es
permitido a los principes christianos el admitir, sufrir, o tolerar en
su pais juntas, y colonias de judios, sus sinagogas, y exercicio de
su religion.

El segundo si hay constitucion particular, privilegio, o costumbre
en la provincia de Brabante, o en otras de la obediencia de S. M. que
lo impida.

El tercero, si havria gran inconveniente, escandalo, o indecencia
publica de admitirlos, y recivirlos en estas partes en cierto lugar
que les seria señalado sea en villa cerrada, y murada, o sobre el plat
pais.

El quarto si suponiendo que se podria hacer una muy notable
renta real, y aprovechar una grande suma de dineros bastante para

---

Mechliniensis, aliique Belgii episcopi, ipsique primarii aulae ministri et senatores ;
ne gens haec perfida et inimica Crucis Christi, unquam in Belgio catholico pedem
figat. » Sur la seconde demande d'établissement à Vilvorde, et sans doute aussi à
Anvers, faite sous le gouvernement du comte de Monterey, rapportée par Goyers
à l'an 1674 et par d'autres à 1672 ou à 1670, cf. Foppens, *Chronique abrégée de la
ville de Bruxelles*, manuscrit autographe à la bibliothèque royale, n° 10,281, p. 157 ;
les *Rationum momenta* de Coriache, cités plus haut; le baron de Reiffenberg,
Nouv. archives hist. des Pays-Bas, t. V, p. 325-332; et Carmoly, *Rev. orient.*, t. I,
p. 175-176.

[1] La note suivante griffonnée en marge, à la première page de la minute de la
consulte, nous a permis de rétablir les noms et les qualités des six commissaires :
« El arçobispo de Malinas. El consejero Hovines. Asseliers canciller de Brabante.
Dennetiers thes° gnl, del cons° de estado. Stenuisse del cons° privado. Ricouard del
de Brabante. »

relevar y sacar el estado fuera del daño, y del peligro a que se halla reducido por falta de medios, esta utilidad en terminos de policia, y de razon de estado devria prevalecer, y balanzar los inconvenientes, y indecencia que se podria temer, y aprehender de su admision.

El quinto debaxo de quales leyes, condiciones y reglamentos esta admision se devria conceder, y en que lugar.

Respondiendo a cada uno de los referidos puntos, nos parece sobre el primero que ni el derecho divino, ni el humano, canonico, o civil prohiben semexante admision, o tollerancia, aunque esta dispuesto y ordenado diferentem᷃ᵗᵉ en quanto a los hereges : Judaeis licitum est habere loca ad congregandum ut ibi tractetur de lege judaica, haereticis vero non, Glos. in verbo *obstinatiores* l. 2ª cod. *de sum. Trinit.* Imo ab Ecclesia tolerari iubentur, sed cautissima moderatione ne invalescant homines atroci in nos odio animati, Augustin. *de civitat. Dei* lib. 18. cap. 46. et Cuiac. *observat.* 30. lib. 3 (?).

Esto es indubitable, y fuera de toda controversia por los exemplos de lo que se platica en la corte de Roma, en el estado de Milan, y otros de Italia, y por toda Alemania.

Sobre el segundo punto ninguno de nosotros sabe que haya alguna constitucion, privilegio, o costumbre particular del pais que impida a S. M. el usar en esto de su real autoridad, y libre disposicion.

Pero hallamos que en el año 1550. y 1559. fueron publicados en este pais dos edictos sobre la salida de los marranos judios, o nuevos christianos que echados de Portugal, y España havian venido a este pais, mas esto se hizo entonces de autoridad del Rey, y no por obligacion de algun previlegio, o costumbre particular del pais, al contrario de lo qual por los mismos edictos parece que algunos años antes ellos havian impetrado de S. M. salvaguardias, y indultos para poder habitar en el pais, los quales entonces, y por la publicacion de los mismos placartes fueron revocados.

Al tercer punto no podemos sino conceder que esta novedad en su principio ofendera los oxos, y oidos de los mas delicados, y escrupulosos en resguardo de la religion, y que tambien sera imposible de poner freno a la libertad, y variedad de los discursos que se tendran, cada uno hablando segun su aficion, inclinacion, o pasion, o debilidad de su juicio.

Mas en realidad, y en efecto, y segun la verdad en si, el escandalo, y indecencia, o ofensa publica sera menor admitiendoles abiertamente separados de los christianos debaxo de las leyes, condiciones, y reglam᷃ᵗᵒˢ ciertos, que no tolerandolos ocultamente de la manera que se hace el dia de hoy, pues que nadie duda que en la villa de Amberes hay gran numero dellos, que por medio de una grande hipocrecia imitan á los christianos y catholicos, confesando y comulgando publicam᷃ᵗᵒ, casandose, y mezclandose con los catholicos, y entretanto en secreto, y en sus casas exercen, obstinadam᷃ᵗᵉ su judaismo, y en que no pueden contenerse sin que dexen alguna vez escapar señales exteriores a la derision, menosprecio y ofensa publica de la sᵗᵃ fe catholica, y asi el mal corre riesgo de aumentarse cada dia por los casamientos, y sus acciones indiferentes como queda dicho.

Y en quanto a los otros inconvenientes que se podrian temer y aprehender que miran al hecho de la policia, a saber que atraheran todo el comercio a si, que cometeran mil fraudes y engaños, y que por sus usuras comeran la sustancia de los buenos subditos y catholicos, nos parece lo contrario, que del comercio que ellos introduciran mayor de lo, que es al presente, el beneficio sera comun a todo el pais, y que el oro, y plata se hallara en mayor abundancia para las ocurrencias de las necesidades inescusables del estado, y que para las usuras, y trafico del dinero a interes, y cambio no podra haver mayor exceso del que hoy hay en toda la villa de Amberes, y particularmᵗᵉ entre los Portugueses que exceden y sobrepujan toda legal medida, y a lo qual en todo caso se podra proveer por los reglamentos debaxo de que seran recividos.

Al quarto punto nos remitimos mas a proposito al arbitrio de V. A. como siendo materia dependiente del conocimᵗᵒ preciso de la necesidad del estado, que V. A. tiene mas particular que nosotros, y si ella no es tal o, en el grado que todas las consideraciones de una indecencia, o reputacion, o escandalo deven postponerse a los medios, de donde depende la salud del estado, y sin la platica dellos correria gran riesgo de perderse, y que el athaismo (en lugar del judaismo acantonado, y restrincto) seria plantado, y dilatado por la entrada, y invasion de los Franceses, entre los quales esta peste se ha avanzado, demas de que vemos que no se hace escrupulo de recivir y llamar al servicio militar toda suerte de naciones por contrarias que sean a nuestra religion, juntamᵗᵉ los exemplos del estado del Papa, y de otros principes de Italia, sin que se haya reparado en que esta secta de judios haga esfuerzos, o salga con el intento de dilatarse siendo todo su unico fin el interes, y el lucro temporal; todavia uno de nosotros ha añadido a su opinion que seria muy conveniente que no se proceda en este negocio sino con mas madurez, y circunspeccion oyendo algunos otros obispos, y el magistrado de Amberes, o algunos del, y nosotros todos hemos sido de opinion que no es menester abrazar, o pasar a este negocio si V. A. no esta primeramᵗᵉ asegurado en todas maneras de una notable cantidad de hacienda que se podra sacar con la anticipacion prompta de una grande partida, y que en esto V. A. hara bien de no fiar el tratado a uno solo, antes por el empleo de diversas personas sondar que cantidad se podra sacar al extremo.

Sobre el quinto punto concerniente las leyes, condiciones, y reglamentos de su admision, nos ha parecido que se podra conformar a los modelos de los que se platican en Italia, y Alemania, y que han sido concebidos por S. Carlos Borromeo para el estado de Milan,

3

donde Adam Contzen en su tratado *de rebus politicis* lib. 8. cap. 17. hace relacion de lo que podra inducir a acetarlos.

Sobretodo que queden acantonados y separados en un cierto lugar, al qual el acceso sera defendido a los catholicos; que veniendo en juntas de catholicos para sus negocios devran traher alguna señal en sus vestidos.

Que no podran servirse de algunos catholicos para sus criados, o criadas, que no podran casarse con algunos catholicos, que seran sujetos a los magistrados en todo lo que concierne la policia, y justicia ordin^a, y que por las reglas del estado se devran contener como subditos de S. M. sin poder corresponderse, ni entretener algunas inteligencias con sus enemigos, o con los estados vecinos, que seran prejudiciales so pena de ser castigados como todos los otros subditos.

Y finalmente que en los emprestidos de dinero no podran exceder el pie de los intereses que hasta aora se ha platicado en Amberes y otras villas mercantiles.

Asi ha parecido en el consexo de estado con intervencion de los que V. A. ha sido servido de nombrar. 11 dex^ro 1653 [1].

TRADUCTION.

+

Sérénissime Seigneur,

Nous étant assemblés en conformité de l'ordre de V. A. adressé au conseiller Hovines, qui nous a déclaré la matière sur laquelle V. A. nous a ordonné de lui présenter une *consulte*, pour y satisfaire plus particulièrement et plus distinctement, on a divisé la délibération en cinq points.

Le premier, si, selon le droit divin ou le droit humain, le droit canonique ou le droit civil, il est permis aux princes chrétiens d'admettre, de souffrir ou de tolérer en leurs pays des assemblées et des établissements de juifs, leurs synagogues et l'exercice de leur religion.

Le second, s'il y a une constitution particulière, un privilège ou une coutume, dans la province de Brabant ou en d'autres de l'obéissance de S. M., qui empêche de le faire.

Le troisième, s'il y aurait grand inconvénient, scandale ou inconvenance publique à les admettre et à les recevoir en ces pays dans un certain lieu qui leur serait assigné, soit dans une ville close et murée, soit au plat pays.

Le quatrième, si, en supposant que l'on pût en obtenir un très notable revenu pour la couronne et profiter d'une grande somme de deniers, suffisante pour relever l'État et le tirer du détriment et du

---

[1] Minute aux archives du royaume : Secrétairerie d'État, *Correspondance de l'archiduc Léopold avec Philippe IV*, XX, *janvier-décembre 1654*, fol. 134 r°-137 v°.

danger où il se trouve réduit faute de ressources, cette nécessité, dans
un but de politique et de raison d'État, devrait prévaloir et devrait
contre-balancer les inconvénients et l'inconvenance que l'on pourrait
craindre et appréhender de leur admission.

Le cinquième, sous quels lois, conditions et règlements cette
admission pourrait être concédée, et en quel lieu.

Pour répondre à chacun des points rapportés, il nous paraît sur le
premier que ni le droit divin, ni le droit humain, ni le droit canonique, ni le droit civil ne défendent une admission ou une tolérance
de ce genre, bien qu'il en soit disposé et ordonné différemment à
l'égard des hérétiques : Judaeis licitum est habere loca ad congregandum ut ibi tractetur de lege judaica, haereticis vero non, Glos. in
verbo *obstinatiores* l. 2ª cod. *de sum. Trinit.* Imo ab Ecclesia tolerari
iubentur, sed cautissima moderatione ne invalescant homines atroci
in nos odio animati, Augustin. *de civitat. Dei* lib. 18. cap. 46. et Cuiac.
observat. 30. lib. 3 (?).

Cela est indubitable et hors de toute controverse par les exemples
de ce qui se pratique en la cour de Rome, dans l'État de Milan, dans
d'autres États d'Italie et par toute l'Allemagne.

Sur le second point, aucun de nous ne connaît l'existence d'aucune constitution, privilège ou coutume particulière du pays qui
empêche S. M. d'user en cela de son autorité royale et de sa libre
disposition.

Mais nous trouvons qu'en l'an 1550 et en l'an 1559 furent publiés
dans ce pays deux édits pour l'expulsion des juifs marranes, ou
nouveaux chrétiens, qui y étaient venus chassés de Portugal et
d'Espagne[1] ; mais cela se fit pour lors de l'autorité du Roi, et non en
vertu de quelque privilège ou coutume particulière du pays, contrairement à ce qu'il résulte des mêmes édits que, quelques années auparavant, ils avaient obtenu de S. M. des sauvegardes et des dispenses
pour pouvoir habiter en ce pays, lesquelles furent alors révoquées
par la publication des placards de bannissement.

Pour le troisième point, nous ne pouvons nous empêcher de recon-
naître qu'au commencement cette nouveauté offensera les yeux et les
oreilles des plus délicats et des plus scrupuleux au regard de la religion, et qu'en outre, il sera impossible de mettre un frein à la liberté
et à la diversité des propos qui se tiendront, chacun parlant selon
son sentiment, son inclination, sa passion, ou selon la faiblesse de
son jugement.

Mais réellement, effectivement et véritablement, le scandale et l'inconvenance, ou l'offense publique, seront moindres si on les admet
ouvertement, mais séparés des chrétiens, sous des lois, des condi-

---

[1] L'édit de 1559 nous est inconnu ; il y a peut-être ici une erreur de date pour
1549. Il existe en effet un placard du 17 juillet 1549 et un autre du 30 mai 1550,
rapportant les privilèges accordés autrefois aux nouveaux chrétiens. On en trouve le
texte flamand dans les *Ordonnantien, statuten, edicten ende placcaerten van Vlaenderen,* eerste deel, tweeden druck vermeedert, Antwerpen, 1662, p. 201-204.

tions et des règlements précis, que si on tolère leur existence occulte, comme cela a lieu aujourd'hui. En effet, il n'est douteux pour personne qu'en la ville d'Anvers il n'y ait un grand nombre de juifs qui, par une grande hypocrisie, imitent les chrétiens et les catholiques, se confessant et communiant publiquement, se mariant et se mêlant avec les catholiques, et qui cependant, en secret et dans leurs maisons, pratiquent obstinément leur judaïsme, bien qu'ils ne puissent s'empêcher de laisser parfois échapper des marques extérieures à la dérision, au mépris et à l'offense publique de la sainte foi catholique, et qu'ainsi le mal court risque d'augmenter chaque jour par les mariages et même par les actions les plus indifférentes de ces juifs, comme il a été dit.

Et quant aux autres inconvénients que l'on pourrait craindre et appréhender au regard de l'intérêt public, à savoir qu'ils attireront à eux tout le commerce, qu'ils commettront mille fraudes et tromperies, et que, par leur usure, ils mangeront la substance des bons sujets et des catholiques, il nous semble au contraire que, par le commerce qu'ils rendront plus grand qu'il n'est à présent, le bénéfice sera commun à tout le pays, et que l'or et l'argent se trouveront en plus grande abondance pour les besoins indispensables de l'État. Et pour ce qui est de l'usure, du prêt à intérêt et du change, il ne pourra y avoir de plus grand abus qu'il n'y en a aujourd'hui en toute la ville d'Anvers, et particulièrement parmi les Portugais, qui excèdent et outre-passent toute tolérance légale ; à quoi en tout cas l'on pourra pourvoir par les règlements sous lesquels les juifs seront reçus.

Pour le quatrième point, nous croyons plus à propos de nous en rapporter à la sagesse de V. A., comme étant matière dépendant de la connaissance précise des besoins de l'État, connaissance que V. A. possède beaucoup mieux que nous. Il appartient à V. A. de juger s'il n'en est pas ainsi, ou bien si les nécessités ne sont pas à un point où toutes les considérations d'inconvenance, de préjudice au renom ou de scandale, doivent être des raisons secondaires à côté des moyens d'où dépend le salut de l'État, et sans l'emploi desquels celui-ci courrait grand risque de se perdre. D'ailleurs l'athéisme (au lieu du judaïsme confiné et contenu) pourrait s'implanter et se répandre par l'entrée et l'invasion des Français, parmi lesquels cette peste s'est avancée. Nous voyons aussi que l'on ne se fait pas scrupule de recevoir et d'appeler au service militaire toute sorte de nations, quelque contraires qu'elles soient à notre religion. Que V. A. considère en outre ce qui se fait dans l'État du Pape et dans ceux des autres princes d'Italie, sans que l'on ait observé que cette secte de juifs fasse des efforts pour se répandre ou en manifeste l'intention, l'intérêt et le lucre temporel étant son seul et unique but. Toutefois, l'un de nous a ajouté à son opinion qu'il serait plus convenable de ne procéder en cette affaire qu'avec la plus grande prudence et la plus grande circonspection, en prenant l'avis de quelques autres évêques et du magistrat d'Anvers, ou de quelques-uns de ses membres ; et tous, nous avons été d'opinion qu'il n'est pas nécessaire de prendre une détermination à ce sujet ou de s'en occuper, avant que V. A. ne se soit d'abord assurée en toutes manières de pouvoir tirer des juifs une notable quantité de ressources pécuniaires, avec payement anticipé et immédiat d'une bonne partie. En cela, V. A. fera bien de ne pas confier l'affaire à une seule personne, mais d'en employer plusieurs pour tâcher de découvrir quelle quantité l'on pourra tirer au maximum.

Sur le cinquième point concernant les lois, les conditions et les règlements de l'admission des juifs, il nous a paru que l'on se pourra conformer à ce qui se pratique en Italie et en Allemagne, d'après les constitutions établies pour l'État de Milan par S. Charles Borromée et rapportées par Adam Contzen dans son traité *de rebus politicis* lib. 8. cap. 17, où ce dernier fait connaître les motifs qui peuvent engager les gouvernements à accepter les dites constitutions [1].

Surtout qu'ils restent confinés et séparés dans un certain lieu, dont l'accès sera interdit aux catholiques ; que venant pour leurs affaires dans des réunions de catholiques, ils soient obligés de porter quelque signe distinctif sur leurs vêtements.

Qu'ils ne puissent employer aucuns catholiques pour leurs serviteurs ou leurs servantes, qu'ils ne puissent se marier avec des catholiques, qu'ils soient soumis aux magistrats en tout ce qui concerne la police et la justice ordinaire, et que, pour les règles de l'État, ils se comportent comme sujets de S. M., sans pouvoir correspondre avec ses ennemis, ni entretenir avec ceux-ci ou avec les États voisins des intelligences qui lui seraient préjudiciables, sous peine d'être châtiés comme tous les autres sujets.

Et finalement, que, dans les prêts d'argent, ils ne puissent excéder le taux des intérêts qui, jusqu'à cette heure, s'est pratiqué à Anvers et dans d'autres villes de commerce.

Ainsi il a été décidé dans le conseil d'État, avec l'intervention de ceux que V. A. a daigné désigner. 11 décembre 1653.

---

[1] Il s'agit ici des constitutions *de Judaeis* décrétées par S. Charles Borromée, à la suite du premier concile provincial de Milan tenu en 1565, et des constitutions additionnelles décrétées aussi par le même saint à la suite du cinquième concile provincial de Milan, qui eut lieu en 1579. Les unes et les autres sont rapportées dans les *Acta Ecclesiae Mediolanensis a Carolo cardinali S. Praxedis archiepiscopo condita*, Mediolani, 1599, in-fol. Les premières s'y trouvent p. 53-54, les secondes, p. 207-208. D'autres décisions contre les juifs furent aussi ordonnées incidemment sous l'archiépiscopat de S. Charles. On les trouve dans les mêmes *Acta*, p. 40, 219, 220, 300, 401, 496 et 560 ; cf. aussi p. 526. Le P. Adam Contzen, S. J., dans ses *Politicorum libri decem*, Moguntiae, (1621), in-fol., au ch. xvii (intitulé *Modi inique congerendi pecunias*, p. 593-601) du livre VIII, rapporte un grand nombre de décisions prises contre les juifs, entre autres des canons de plusieurs conciles. Les constitutions *de Judaeis* décrétées en 1565 par S. Charles s'y trouvent à la p. 601, vers la fin du chapitre, mais le P. Contzen n'y donne pas les constitutions additionnelles de 1579.

Le commerce des juifs les attirant surtout à Anvers, il paraîtrait que, vers le même temps, des négociations auraient aussi été entamées pour leur permettre d'ouvrir une synagogue à Borgerhout, village voisin de la grande cité commerciale, compris aujourd'hui dans l'enceinte de la forteresse.

Le pape Innocent X fut informé par son internonce en Flandre [1] des pourparlers qui eurent lieu à cette occasion. Innocent X, si jaloux des privilèges de l'Église, et qui avait protesté avec tant d'énergie contre les droits accordés aux protestants d'Allemagne par la paix de Westphalie, ne pouvait rester indifférent aux tentatives faites par des juifs pour établir leur culte dans un pays où le catholicisme régnait alors sans partage. Il avisa son envoyé près la cour d'Espagne de faire part à Philippe IV de ce qui se passait, et le nonce présenta au roi la note suivante :

+

Sacra Catholica Real Mag^d,

Hase havisado a su Santidad por el internunçio de Flandes que se haya començado alli un tratado de abrirse una sinagoga de Hebreos, en un lugar llamado Burguero (*sic*) pocas millas lexos de Anveres; y si bien la summa catholica y experimentada piedad de V. Mag^d y los religiosos sentires del Señor Archiduque aseguran, que no se tendra fin alguno en esto, con todo eso el nuncio de su Santidad, recurre reverentemente a V. Mag^d, suplicandole se sirva ordenar, que no solo deva prohivirse qualquier resoluzion sobre esto sino que se aranque y quite de hecho todo tratado en esta materia como lo espera de la retictud (*sic*) y christiano çelo de V, Mag^d [1].

TRADUCTION.

+

Sacrée Royale Majesté Catholique,

Il a été porté à la connaissance de Sa Sainteté par l'internonce de Flandre qu'on était entré en pourparlers en ce pays pour ouvrir une synagogue de juifs dans un endroit appelé Burguero (*sic*), à quelques milles d'Anvers; et bien que la grande piété éprouvée de Votre Majesté pour la foi catholique, et les sentiments religieux du Seigneur Archiduc, soient des garanties qu'on n'y donnera aucune suite, ce-

---

[1] L'internonce en Flandre, c'est-à-dire aux Pays-Bas catholiques, était alors André Mangelli, de Forli, abbé de Saint-Ange, mort à Bruxelles le 31 octobre 1655. Voir *Journal hist. et litt.*, Liége, chez P. Kersten, t. II, 13e livraison, 1er mai 1835, p. 24.

[1] Copie aux archives du royaume : Secrétairerie d'État, *Correspondance de l'archiduc Léopold avec Philippe IV*, XX, *janvier-décembre 1654*, fol. 71. Cette copie n'est pas datée.

pendant le nonce de Sa Sainteté s'adressé respectueusement à Votre Majesté, la priant de daigner ordonner que non seulement toute résolution à cet égard soit défendue, mais que l'on annule et considère comme non avenu tout arrangement en cette matière, comme il l'espère de là rectitude et du zèle chrétien de Votre Majesté.

Philippe IV transmit à l'archiduc Léopold-Guillaume une copie de la note passablement impérative du nonce, en l'accompagnant de la dépêche qui suit :

+

Ser^mo Señor Archiduque Léopoldo Guillelmo mi Primo mi Governer y Capp^a General de mis Paises Vajos de Flandes. El nuncio de su Santidad residente en esta corte me representó en un papel (de que aqui va la copia) haver tenido noticia su Veatitud de que se havia comenzado a tratar en essos estados el abrir una sinagoga de Hebreos en un lugar llmado Bungeno (*sic*) pocas millas de Amberes. Instando el nuncio en que se prohiba qualquiera resolucion que sobre esto se huviere tomado y que se arranque de hecho todo tratado en esta materia, y si bien estoy creyendo que V. A. no habra permitido semejante novedad en los limites y jurisdicion de los lugares obedientes por su particular atencion mayormente en cosas deste genero, me ha parecido con todo dar á V. A. noticia de lo referido y encargarle (como lo hago) que caso que aya algo que remediar en esta materia lo haga V. A. (como es justo) luego por ser en cosa en que tanto va y de que podrian seguirse tan grandes y perjudiciales inconvinientes avisandome de haverse hecho asi. Nuestro Señor guarde á V. A. como deseo. Madrid á 19 de Hebrero 1654.

Buen Primo de V. A.,

Yo el Rey.

Ger^mo dela Torre [1].

Au dos il y a l'adresse :

Al Ser^mo Sor Archiduque Leopoldo Guilleimo mi Primo, mi Gov^or y Cap^a Genl de mis Paises bajos de Flandes.

Traduction.

+

Sérénissime Seigneur Archiduc Léopold Guillaume, mon cousin, mon gouverneur et capitaine général de mes Pays-Bas de Flandre. Le nonce de Sa Sainteté résidant en cette cour m'a exposé dans une note

1 Original aux archives du royaume; *ibid.*, fol. 70.

(dont ci-jointe la copie) qu'il a été donné avis à Sa Sainteté qu'on était entré en pourparlers dans ces États pour ouvrir une synagogue de juifs dans un endroit appelé Bungeno (*sic*), à quelques milles d'Anvers. Le nonce demande avec instance que l'on défende quelque résolution que ce soit qui pourrait être prise à cet égard et que l'on empêche effectivement tout arrangement en cette matière. Et bien que je croie que V. A. n'a pas permis une telle nouveauté dans les limites et la juridiction des lieux de notre obéissance, à cause de son attention particulière, surtout en des choses de ce genre, néanmoins il m'a paru bon de faire part à V. A. de ce qui se passe et de la charger (comme je le fais), au cas qu'il y ait à remédier en cette matière, d'agir sur-le-champ (comme il convient), à cause de l'importance de cette affaire et des grands et préjudiciables inconvénients qui pourraient s'ensuivre, lui recommandant de me faire connaître qu'on se sera conformé à mon ordre. Notre Seigneur garde V. A. comme je le désire. Madrid, ce 19 février 1654.

Le bon cousin de V. A.,

MOI LE ROI.

GER^{mo} DELA TORRE.

Au dos :

Au Sérénissime Seigneur Archiduc Léopold Guillaume, mon cousin, mon gouverneur et capitaine général de mes Pays-Bas de Flandre.

Aucun historien, jusqu'à présent, n'a fait usage de cette dépêche, bien qu'elle ait été publiée, traduite en italien, dans le recueil des lettres de l'abbé Giustiniani [1] ; mais nous reconnaissons que le hasard pouvait seul, en quelque sorte, l'y faire découvrir parmi les lettres de tout genre rassemblées par le compilateur italien.

Fait singulier, l'abbé Giustiniani avait eu connaissance de cette dépêche par le nonce même qui l'avait provoquée, Francesco Gaetano, archevêque de Rhodes [2] ; mais les difficultés de ce prélat avec Innocent X d'abord, ensuite avec Alexandre VII, expliquent jusqu'à un certain point cette indiscrétion diplomatique [3].

---

[1] *Lettere memorabili dell' abbate Michele Giustiniani, patritio genovese, de' signori di Scio, e d'altri*, parte II, Roma, 1669, p. 22. On y a imprimé par erreur « 9. Febraro » au lieu de « 19. Febraro ».

[2] A la suite de la traduction italienne de cette dépêche, l'abbé Giustiniani ajoute : « Havuta da Mons. Fran. Caet. Arc. di Rodi. e Nuntio Apost. E tradotta dalla lingua Spagnuola nell' Ital. dal Sig. Cav. Giacomo Bonamici. »

[3] Le cardinal Sforza Pallavicino a donné le récit de ces difficultés dans la *Vita di Alessandro VII*, au ch. VII du livre III (p. 303-308 du vol. I de l'édit. de Milan, 1843). Giuseppe de Novaes, dans ses *Elementi della storia de' sommi pontefici*, t. X, Roma, 1822, p. 92-94, a résumé le récit du cardinal Pallavicino ; cf. aussi *ibid.*, p. 212.

L'archiduc répondit au roi en ces termes, et lui adressa en même temps une copie de la *consulte* dont nous avons donné le texte plus haut :

S. A.
    a Su M^d.

El fundam^to que huvo aqui para tratar de la recepcion de los judios segun el nuncio de su Sant^d represento a V. M. en el memorial que V. M. se sirve de remitirme en carta de 19 de março passado, fue una propuesta que le hizieron en Holanda al emb^or Ant^o Bruno ofreciendole una summa considerable para el intento. Y como el estado de las cossas en que nos hallamos da ocassion a que se examinen todos los medios de hazienda que se presentaren, ordene a algunos ministros me dixessen lo que se les ofrecia en la materia como le hizieron entonces en la consulta de que ira aqui la copia sin haver tomado en ella resolucion ninguna hasta aora. V. M. haviendola mandado veer ordenara lo que fuere servido. D^l q^l.

Au dos de la minute de cette lettre on lit :

Bruss^as.
   Su A.
   a Su M^d.

17 de Abril 1654.
Respondiendo a la carta en que abla de los judios.

Traduction.

Son Altesse
   à Sa Majesté.

Le motif que j'ai eu ici pour traiter de l'admission des juifs, ainsi que le nonce de Sa Sainteté l'a rapporté à V. M. dans la note que V. M. a daigné me remettre avec sa dépêche du 19 mars dernier[2], fut une proposition qu'ils firent en Hollande à l'ambassadeur Antonio Bruno, lui offrant à cette fin une somme considérable. Comme l'état des choses où nous nous trouvons donne lieu d'examiner toutes les ressources financières qui se présenteraient, j'ai ordonné à quelques commissaires de me donner leur opinion en la matière; ce qu'ils firent alors dans la *consulte* dont la copie est ci-jointe; mais il n'a été pris jusqu'à présent aucune résolution à cet égard. V. M., après l'avoir fait examiner, voudra bien ordonner ce qu'il lui plaira.

---

[1] Minute aux archives du royaume : Secrétairerie d'État, *Correspondance de l'archiduc Léopold avec Philippe IV, XX, janvier-décembre 1654*, fol. 133.

[2] Erreur de date : la dépêche du roi est du 19 février.

Au dos :

Bruxelles.
Son Altesse
à Sa Majesté.

17 avril 1654.
Répondant à la dépêche où
l'on parle des juifs.

Ici se sont arrêtées nos investigations : l'examen forcément superficiel que nous avons fait de la correspondance de l'archiduc Léopold-Guillaume avec Philippe IV, n'a pu nous y faire découvrir d'autres documents au sujet des tentatives faites par des juifs de Hollande, sous le gouvernement de l'archiduc, en vue de s'établir dans les Pays-Bas catholiques.

V

TAXES SUR LES JUIFS.

Après diverses alternatives de sécurité et de persécution, les juifs, trop utiles aux grands et aux petits pour qu'on pût se passer de leur industrie, avaient fini par être tolérés dans les Pays-Bas catholiques, jusqu'à ce qu'ils purent enfin respirer plus librement sous le gouvernement de Joseph II. Malgré le régime d'oppression qui pesa longtemps sur eux, malgré les dures épreuves qu'ils eurent à subir, nous ne croyons pas qu'ils furent astreints dans ces pays à d'autres obligations humiliantes, qu'à celle du payement de certaines taxes, destinées à les ravaler dans l'esprit du peuple.

Certains documents nous permettent d'inférer qu'ils ne portaient pas ici, du moins dans les derniers siècles, comme dans bien d'autres pays, une marque distinctive sur leurs vêtements, un costume spécial ou une coiffure particulière, chapeau ou bonnet, à quoi l'on reconnaissait les juifs dans le reste de l'Europe. Peut-être cependant le premier de ces usages existait-il pour le juif de passage dans le pays de Liège, si l'on s'en rapporte à une note donnée, sans indication de source, par Ferd. Henaux[1].

---

[1] *Constitution du pays de Liège,* noav. édit., Liège, 1858, p. 31, note 2. Voici cette note : « On écrivait en 1798 : « Les princes-évêques et l'état ecclésiastique à Liège,

Pour. être exempts d'humiliantes obligations, les juifs n'en étaient pas moins soumis en certains endroits au payement de taxes tout aussi odieuses. C'est ainsi qu'à Namur, au xiv⁰ siècle, tout juif passant sur le pont de Meuse était considéré comme objet de marchandise et devait payer, pour droit de vinage au profit du comte, 30 petits tournois, mais le percepteur de l'impôt pouvait le laisser passer moyennant sept vieux esterlins :

Ce sont les droitures dou winaige monseigneur le conte de Namur que on prent a pont de Moise. — Promirement tous avoirs de pois doit III tornois li cens de winaiges. ... Item uns yuwys doit XXX petis tornois ; et on le lait passeir par greit et par acord pour VII vies estellin[1].

C'était surtout dans le Luxembourg que ce régime exceptionnel pesait sur les juifs. Des comptes de la recette générale du duché de Luxembourg, de la fin du xv⁰ siècle et du commencement du xvi⁰, nous apprennent que les quelques juifs résidant alors dans le quartier allemand de ce duché payaient au duc à la Noël un tribut annuel de deux florins par ménage[2].

Dans un registre de comptes des justiciers de Grevenmachern, petite ville de ce pays, on lit sous l'année 1519-1520 :

Item ceste année pendante ait ehu enterre[3] sept jouifz audit Mackre, receu dung chacun desdits jouifz comme de ancienneté ung florin, fait ensemble.. vij florins[4].

Une ordonnance de Philippe V, donnée au camp de Saint-Nicolas le 6 septembre 1703[5], renouvela sans doute d'anciens droits de

---

» étoient des tyrans, parce qu'ils ne toléroient point, sous leur domination, les pro-
» testants ni autres sectes. Ils faisoient payer les barrières aux piétons juifs comme
» aux cochons. « « Le piéton juif, reconnaissable au bracelet de drap jaune qu'il
portait à la partie supérieure du bras gauche, payait un *aidant* [c.-à-d. un liard]
à chaque barrière. »

[1] Jules Borgnet, *Promenades dans la ville de Namur*, dans les *Ann. de la Soc. archéol. de Namur*, t. III, 1853, p. 174, note 1. — Borgnet donne ce texte d'après le *Registre velu*, n⁰ 1002 des registres de la ch. des comptes aux archives du royaume, fol. 80 v⁰ et 272. Il ajoute que « la même pièce est reproduite aux fol. 21 et 8 du *Reg. commençant l'an 1393*, chambre des comptes, n⁰ 1003, et au fol. 83 du *Répertoire des causes et questions*, arch. com. de Namur ».

[2] Archives du royaume : Ch. des comptes. Voir, entre autres, reg. 2634, 2635, 2638. — Cf. Henne, *Hist. du règne de Charles-Quint en Belgique*, Bruxelles et Leipzig, t. IX, 1859, p. 105.

[3] C'est-à-dire *sont entrés*.

[4] Arch. du royaume : Ch. des comptes, reg. n⁰ 13321, *Comptes des justiciers de Macheren*, de 1519 à 1632. — Cet article a été rapporté peu exactement par M. Henne, vol. cité, p. 105, n. 1.

[5] Publiée dans le *Recueil des ordonnances des Pays-Bas autrichiens*, 3⁰ série, t. II, Bruxelles, 1867, p. 641-642.

péage à lever sur les charrettes chargées de marchandises, les animaux domestiques et les juifs, au passage de plusieurs ponts du
Luxembourg, à savoir ceux de Mersch, de Colmar, d'Ettelbrück
(au pont sur la Sûre), d'Oetringen, de Frisange, de Schouweiler,
de Steinfort, de Steinbrücken, de Wecker, de Wasserbilig et de
Martelange. Un juif devait y payer quatre sols; il était assimilé
pour la taxe à trente ou quarante moutons, brebis, porcs, boucs
ou chèvres.

Une ordonnance de Charles VI, donnée à Bruxelles le 20 septembre 1720[1], et conforme mot pour mot, sauf le préambule, à la
précédente, vint de nouveau confirmer ce singulier péage.

Dans ses *Analectes belgiques*[2], M. Gachard annonçait, en 1830,
son intention de faire connaître le régime exceptionnel auquel les
juifs étaient autrefois soumis. Il se bornait alors à signaler, sans
indiquer la source de ses renseignements, un usage particulier
au duché de Luxembourg. « Toute personne de la nation juive
était tenue, à la sortie de cette province, de payer au bureau de
la douane une plaquette (trois sols et demi de Brabant); tout individu de la même nation entrant dans la ville de Luxembourg, était
de même soumis à une taxe de cinq sols s'il était à cheval, et, s'il
était à pied, de deux sols et demi : de grosses amendes menaçaient
ceux qui auraient célé leur qualité pour s'affranchir de la redevance exigée. Ce qui ajoute à la bizarrerie de cette taxe, c'est
qu'on la percevait au même titre que celles établies sur les denrées
et marchandises. »

Nous ne pensons pas que, dans le cours de sa longue et féconde
carrière, l'éminent archiviste général du royaume de Belgique
soit jamais revenu sur ce sujet. Ayant eu la bonne fortune de ren-
contrer des documents relatifs à ces taxes iniques et injurieuses,
nous les ajouterons aux renseignements sommaires rapportés par
M. Gachard.

Il s'agit dans les deux documents ci-après d'une taxe de deux
sols et demi pour droit de séjour de vingt-quatre heures dans la
ville de Luxembourg, d'une autre d'un demi-sol que les juifs devaient payer aux portes de la ville *de mesme qu'une beste*, et
d'autres péages auxquels ils étaient assujettis comme *animaux
bruteaux*. L'enquête suivante est d'une grande éloquence dans sa
naïveté.

[1] Mentionnée dans le même *Recueil*, 3° série, t. III, Bruxelles, 1873, p. 217.
[2] Premier volume (le seul paru), Bruxelles, 1830, p. 163-164.

Information ténue d'office par les justicier
et gens du magistrat[1] de la ville de Luxembourg au regard des droicts que les juifs ont
payée aux justiciers et fermiers du payage
aux portes de cette ville, lorsqu'ils ont eu
permission de venir et sejourner en cette
ville.

Premier Tesmoing.

Le s^r Jean Deutsch bourgeois marchand de cette ville, agé de
74 ans adjourné, sermenté et examiné sur le faict en question, depose qu'il at esté deux fois justicier de ce magistrat, scavoir en
l'anné 1664 et 1673, d'ou il at cognoissance que lors que quelques
juifs ont eu licence du gouverneur de cette ville et province de venir
en lad^{tte} ville, les sergents dud^t magistrat ont levé à son proffit
deux sols et demy ancienne monnoye de Luxembourg de chacun
juif pour y demeurer vingt quattre heure, estant vray que cy devant les juifs sont entré fort rarement en cette ville, et n'y sont
resté au plus que deux fois vingt quattre heures, ne pouvant dire s'il
at receu led^t droicts deux fois lors que les juifs sont demeurée icy
deux fois vingt quattre heures. Avec quoy il at finie sa deposition et
at signé Jean Deutsch avec parafe.

2° Tesmoing.

Le s^r Jacques Brasseur, apres serment presté de dire verité, depose
qu'il at esté justicier de ce magistrat en l'an 1675, pendant lequel à
raison de la guerre il n'at veu entrer en cette ville aucun juif, mais
at tousiour entendu et appris que les juifs ont estées obligées de
payer au proffit du justicier de cette ville deux sols et demy lorsqu'ils y sont entré, ce que cy devant est arrivé fort rarement et n'y
sont restées que deux à trois iours, et que les enfants courroient
apres eux. Estoit signé Jacques Brasseur.

3° Tesmoing.

Le s^r Theodore Itzius, apres serment presté de dire verité, depose qu'il at esté justicier de ce magistrat en l'an 1683, pendant lequel
il n'est entré aucun juif en cette ville, mais scait bien que cy devant
l'ors qu'il y en avoit qui y entroient, ils payoient au justicier deux
sols et demy monnoye de Braban et aux portes un demy sol de
mesme qu'une beste, sans pouvoir dire si les juifs payoient led^t

---

[1] Nous croyons devoir faire connaître à nos lecteurs que, dans ces *Notes et documents*, le mot *magistrat* est employé dans le sens absolu et collectif qu'on donnait à ce
mot, surtout en Belgique, pour désigner le corps des officiers municipaux.

droict autant de fois qu'ils demeuroient des iours icy, ce qu'estoit
fort rare, et non tolleré sans permission. Estoit signé Theodore
Itzius avec paraphe.

4e Tesmoing.

Jean Strabius, notaire publique, âgé de 49 ans, declare apres serment presté qu'il ne peut deposer d'aucun trafique que les juifs
peuvent avoir faict cy devant en cette ville, mais qu'il at servy à
divers juifs comme procureur, et nommement à certain Lifman Pic-
card de Treves, ne se souvenant des noms des autres, sans qu'ils
s'ayent arresté icy que l'espace de vingt quattre heures, lesquels en
consultant avec le deposant luy ont faict plaincte d'avoir esté obligé
de prendre un passeport du gouverneur de cette place p^r entrer en
ce pays, qui leurs coustoit p^r si brieve temps sept escus, et qu'oultre
ce ils estoient obligez de prendre une escorte pour les mesner en et
hors ce pays et qu'il falloit payer à cette effect trois escus, mesme
les peages et autres droicts comme animaux bruteaux, requerants le
deposant d'en tenir note de tous lesd^ts despens pour y estre mis en
taxe à la fin de leurs proces, ayant mesme veu diverses passeports
de feu monsieur le prince de Chimay [1] donnez auxd^ts juifs, sans que
touttes fois qu'aucune somme donnée pour iceux ait esté annotée,
sans aussy que lesd^ts despens ayent estées compris en aucun taxe,
puis que lesd^ts juifs se sont lassez de venir icy, et obmis la pour-
suite de leurs proces. Avec quoy il a finy sa deposition, et at signé
J : Strabius avec paraphe.

5e Tesmoing.

Balthasar Rodemacher, bourgeois et boucher de cette ville, depose
apres serment presté qu'il se souvient que depuis vingt ans quelques
juifs qui sont entré en cette ville, ont logées chez feu son pere, et
qu'avant d'y entrer le gouverneur en at esté adverty pour le permettre, et qu'il at veu qu'ils ont tousiours payer à un sergeant du
justicier deux sols et demy, et aux portes un demy sols, et qu'ils
nont restez icy que vingt quattre heures, les enfants ayants criaillez
apres eux lors qu'ils passoient dans les rues. Avecque quoy il at finy
sa deposition, et at signé Balthasar Rodemacher.

Ainsi ouy et examiné à Luxembourg le 27e de septembre 1685. Par
ord^ce estoit signé Gerber avec paraphe [2].

Nous ne connaissons pas la décision prise par le magistrat à la
suite de cette information, mais nous en avons une autre posté-

[1] Gouverneur de la ville de Luxembourg.
[2] Archives de la ville de Luxembourg : Copie reliée dans le registre 35, pièce
cotée 23.

rieure de trente-quatre ans. Celle-ci prouve que l'on était peu fixé à Luxembourg au sujet des taxes à percevoir sur les juifs, et qu'il y avait quelque confusion à cet égard, puisque cette fois il n'est plus question de la taxe d'un demi-sol à payer aux portes de la ville, et que la taxe de deux sols et demi est perçue comme droit d'entrée et non plus comme droit de séjour.

Le 12. may 1719 sur requette presenté par Maire Kalken, iuif de Metz, au suiet du droit de passage aux portes, le magistrat a donné par apostille sur la d^te requette, qu'un iuif à pied doit payer en entrant deux sols et demis et à cheval quattre sols, et en sortant rien, à moins qu'il seiourne en ville plus que deux fois vingt quattre heures, comme d'ancienneté[1].

'Nous avions cru un instant que ces taxes avaient été abolies ou étaient tombées en désuétude dans le courant du xviiie siècle, car le règlement de l'impératrice Marie-Thérèse, donné à Bruxelles le 14 septembre 1771, pour le magistrat de Luxembourg, au sujet de la levée des droits de passage aux portes de cette ville[2], n'en mentionne aucun à payer par les juifs. Nous nous trompions. Malgré le silence de ce règlement relativement à ceux-ci, on continuait encore quinze ans plus tard à percevoir sur eux un droit d'entrée dans la ville en même temps qu'un droit corporel d'une plaquette à la frontière du duché. C'est ce que nous apprend le rapport du procureur général du conseil souverain de Luxembourg, adressé au gouvernement à propos d'une réclamation faite en 1786 par un juif de Mons, nommé Joseph Bing. Le conseil privé, au nom de l'empereur, avait soumis, le 22 juillet de cette année, la requête du réclamant à l'avis de cet officier de justice. Voici quelle fut la réponse du procureur général :

Sire,

Par dépêche du 22. juillet dernier, Vôtre Majesté m'a chargé de Lui reservir d'avis sur la requête ci rejointe sub n° 1°, Lui présentée de la part de Joseph Bing, negociant en la ville de Mons, pour qu'Elle daigne abolir le droit corporel d'une plaquette, que l'on perçoit sur chaque individu juif, soit à l'entrée de la ville de Luxembourg, soit à la sortie de la province[3], j'ai l'honneur de dire,

---

[1] Archives de la ville de Luxembourg : Reg. 7, intitulé *Registre aux résolutions et aux ordonnances ordonnées par le magistrat de la ville de Luxembourg, commencé le 2° d'octobre 1708*, folio 19, verso.

[2] Mêmes archives : Original relié dans le reg. 23 intitulé *Actes et décrets de 1768 à 1774*, tome III, pièce cotée 45.

[3] Cette requête manque dans le dossier.

Que j'ai communiqué cette requête au magistrat de la ville de Luxembourg et aux officiers principaux de ladite ville, pour qu'ils me disent, 1° si effectivement chaque juif doit payer ce droit en entrant dans cette ville et sortant de la province, 2° sur quoi ce droit peut être fondé, et 3° s'il convient de le lever.

Les officiers principaux m'ont fait la réponse ci jointe sub n° 2°, par laquelle ils disent, que le tarif des douanes pour la province de Luxembourg n'impose le droit d'une plaquette sur chaque individu juif qu'à la sortie de la province et nullement sur ceux entrant en cette ville, que ce droit se perçoit à titre de *haut conduit*[1], attendu qu'il est classé au tarif dans cette cathégorie et que ce droit n'existe pas aux Pays-Bas.

Qu'apres information prise des portiers de la ville de Luxembourg ils ont appris, qu'ils sont en usage d'exiger quatre sols et demi de chaque juif entrant en cette ville à cheval et deux sols et demi de ceux à pied, que ce droit ne se trouve pas compris dans le tarif pour la perception des droits de la ville de Luxembourg, décreté en 1771, de là ils estiment, que c'est une extorsion.

Qu'ils ignorent sur quoi est fondé le droit de tirer une plaquette de chaque juif à la sortie de la province à titre de haut conduit, que cependant par ordonnance du 23° mars 1752, il a été imposé une amende de dix florins pour chaque contravention ou fraude de ce droit; ils regardent cet impot comme contraire au commerce et ils estiment, qu'il conviendroit de le lever.

Le magistrat par sa réponse ci jointe sub n° 3°, dit, que le droit corporel, que les juifs payent en entrant dans la ville de Luxembourg, s'est toujours payé dans toute la province dans les endroits, où est établi un droit de passage; qu'ils ne connoissent d'autres titres constitutifs que l'ancien usage, qui probablement fut introduit pour éloigner cette espèce d'hommes, dont le fort est d'acheter et récéler les effets volés, ce que le magistrat dit éprouver tous les jours.

Que [si] cet impot sur les juifs n'existe pas dans les Pays-Bas comme dans la province de Luxembourg, cela provient probablement de ce que la ville de Luxembourg est pour ainsi dire entourée de cette espèce de gens, qui y arrivent en foule de Metz, où il y a une rûe entiere avec une sinagogue, de Treves et d'autres contrées, avec une avidité à l'excès de toute espèce de lucre sans choix ni discernement, se faisant un devoir religieux de tromper les chrétiens, au point qu'on est sur ses gardes lorsqu'on les laisse entrer dans les maisons.

Quant les souverains, comme le Portugal et l'Angleterre, avoient

---

[1] Ces deux mots sont soulignés dans l'original. Sur ce *haut conduit* cf. ci-dessus la déposition du 4° témoin. Le *conduit* était également en usage à Strasbourg ; voir la notice de M. Isidore Loeb, *Les Juifs à Strasbourg depuis 1349 jusqu'à la révolution*, dans l'*Annuaire de la Soc. des études juives*, 2° année, Paris, 1883, p. 142-143.

accordé quelques priviléges d'immunité à cette nation, ils s'en sont
d'abord repentis. On a vû dans les feuilles publiques, que vers la fin
de l'an 1785 Vôtre Majesté a depouillé les juifs de la Gallicie, non
seulement des avantages dont ils avoient commencé à jouir sous son
regne, mais encore d'anciens priviléges, qu'ils tenqient de la couronne de Pologne.

Quant aux quatre et demi et respectivement deux sols et demi, que
les portiers de la ville de Luxembourg levent sur les juifs, quand
ils entrent dans cette ville, ces droits ne sont pas au profit des portiers, mais ils appartiennent et doivent être renseignés aux adju-
dicataires des droits d'entrée de la ville de Luxembourg, droits qui
se mettent en hausse au profit de la baumaitrie de la ville.

Nonobstant les droits, qu'on tire sur les juifs depuis un tems immémorial, ils ne manquent pas de se trouver en grand nombre à
toutes les foires considerables, qui se tiennent dans la province ;
d'un autre côté, si Vôtre Majesté daignoit leur accorder quelqu'immunité, cela pourroit peut être faire un mauvais effet dans l'esprit
des habitans de la province.

Partant j'estime, que Vôtre Majesté pourroit éconduire le suppliant
de sa demande, me remettant néanmoins avec une entiere soumission à ce qu'il Lui plaira de disposer. Je suis avec le plus profond
respect,

Sire,

de Vôtre Majesté,

Le très humble et très obéissant
serviteur et sujet,

D'OLIMART[1].

Luxembourg le 18e Xbre 1786.

Il convient de joindre à ce rapport ceux sur lesquels s'appuyait
le procureur général. On y verra combien les avis étaient partagés
à l'égard des juifs. Les officiers principaux (des droits d'entrée et
de sortie ?), dans la lettre suivante, qualiljent d'extorsion la taxe
perçue sur ceux-ci à l'entrée de la ville.

Monsieur.

Nous avons reçu la lettre que vous nous avez fait l'honneur de
nous écrire hier, en nous communiquant la requête présentée à Sa
Majesté l'Empereur par le juif Bing au nom de ceux de sa secte, au
sujet du droit d'une plaquette que les remontrans disent être tenus
de payer, tant à l'entrée de cette ville qu'à la sortie de la province ;
nous chargeant de vous informer, Monsieur, si effectivement chaque

---

[1] Original aux archives du royaume : Conseil privé, carton n° 1293, intitulé *Hérésie et tolérance.*

juif doit payer ce droit en entrant dans cette ville et sortant de la province; sur quoi il est fondé, et s'il convient de le lever.

Pour vous satisfaire d'abord sur la premiere de ces informations, nous vous dirons que notre tarif des douânes pour la province (car aux Pays-Bas ce droit n'existe pas) n'inpose le droit d'une plaquette sur chaque individu juif, qu'à la sortie de lad^{te} province, et nullement sur ceux entrants en cette ville; ce droit se perçoit à titre de *haut conduit*[1], attendu qu'il est classé au tarif dans cette cathégorie.

Nous soupçonnions bien que les portiers fermiers des péages à l'entrée de cette ville, percevoient quelque droit sur les juifs qui s'y rendent; mais nous ne savions rien de positif à cet égard, et désirant vous satisfaire également sur ce point, quoiqu'il ne soit point de notre partie, nous nous sommes procurés le tarif de ces péages emané posterieurement à tous les autres plus anciens, en 1771 par le conseil privé, et nous avons vu avec surprise qu'il n'y est fait aucune mention des juifs. Nous avons en conséquence fait interroger le portier préposé à la levée de ces péages, et il est convenu qu'il est dans l'usage d'exiger 4 ½ sols de chaque juif entrant en cette ville à cheval, et 2 ¼ sols pour ceux à pied; il est donc évident que le conseil privé n'ayant probablement pas dérogé au tarif de 1771 à l'égard des juifs, c'est une vraie extorsion que le droit exigé sur eux à l'entrée de cette ville, au nom de son magistrat, ou plutôt à son insçu.

Pour en revenir ensuitte aux 2° et 3° points de vos informations, nous avons l'honneur de vous dire que nous ignorons entierrement sur quoi est fondé le droit d'une plaquette ou trois sols et demi imposé par notre tarif à titre de *haut conduit*[1] sur les individus juifs sortants de cette province; nous prendrons cependant la liberté de démontrer qu'il est nuisible à son commerce: si ce droit eut été imposé à l'entrée, on croiroit que l'on a, dans un temps où cette nation étoit odieuse et qu'on la fuyoit par préjugé, voulu mettre des entraves à leur entrée dans cette province; mais une fois y étant venus pour leur commerce avec ses habitans, nous croyons qu'on ne pouvoit avoir d'autre raison de mettre un droit sur leur tête à la sortie que celle d'un profit pour les droits du souverain, et par ord^{co} du 23 mars 1752 il a été imposé une amende de f. [florins] 10 pour chaque contravention, en fraude de ce droit.

Nous disons qu'il est nuisible au commerce de la province, parce que d'abord ne pouvant disconvenir que celui que les juifs font avec ses habitans ne soit à ces derniers très avantageux, il est nécessaire que rien ne tende à les en éloigner; les juifs viennent y enlever généralement tout ce dont on ne peut s'y défaire avec quelque profit, et y laissent par conséquent leur argent; ils achettent aux foires qui se tiennent fréquemment dans cette province, des chevaux de prix, et en même temps ceux de ces animaux dont le paysan, soit

---

[1] Mots soulignés dans l'original.

pour viellesse ou d'autres défauts, ne sait plus tirer de service, mais dont il est bien aise néantmoins de faire quelque argent ; les juifs font encore de fréquents achâts de bêtes à laine et autres bestiaux nourissons de la province ; et enfin ils viennent acheter généralement touttes sortes des vieux meubles, nippes et ornemens d'atour dont on ne pourroit absolument, sans leur secour, faire aucun argent, si l'on considere surtout que la province n'a point à cet égard la resource d'un mont-de-piété.

D'après touttes ces raisons nous n'hésitons point à croire que vous concluerez comme nous, Monsieur, qu'il est à désirer, pour l'encouragement du commerce que font les habitans de la province avec les juifs, que tout droit corporel prélevé sur eux soit aboli, tant celui imposé par notre tarif, que l'autre extorqué par les portiers de cette ville, au nom et à l'insçu de son magistrat.

Nous avons l'honneur d'être, avec la consideration la plus distinguée,

Monsieur,

Vos très humbles et très obéissants serviteurs,

CLAVAREAU.   DU BREUIL.[1]

Droits d'avis f. 5. 12. » . courant.
Luxembourg le 30. juillet 1786.

Le magistrat de Luxembourg, peu porté à la bienveillance envers les juifs, avait donné au procureur général la réponse que voici :

Monsieur !

En réponse de celle que vous nous avez fait l'honneur de nous adresser à cejourd'hui, nous avons celui de vous dire que le droit corporel, que païent les juifs en entrant en cette ville, s'est toujours païé dans toute la province là, où il y avoit un droit de passage ; nous ne connaissons autres titres constitutifs, si non l'ancien usage, qui probablement fut introduit pour éloigner cet espèce d'homme dont le fort est d'acheter et réceller les effets vollés, ce que nous éprouvons tous les jours. Nous nous soumetterons toujours avec toute soumission à ce, que Sa Majesté trouvera bon d'y disposer.

Nous avons l'honneur d'être,

Monsieur !

Vos très humbles et très obeïssants serviteurs,

Les justicier et echevins de la ville de Luxembourg,

Par ordonnance,

KEYSER.[2]

Luxembourg le 1er d'août 1786.

[1] Original dans le carton 1293.
[2] Original *ibid.* — Keyser était le clerc juré du magistrat de Luxembourg.

A la suite de ces rapports le gouvernement débouta le suppliant
de sa demande; c'est ce que nous apprend l'apostille suivante,
de la main de M. de Limpens, conseiller au conseil privé, écrite en
marge de la lettre du procureur général : « Vu l'avis, ce que le
supp. demande ne peut lui être accordé. Le 28. jv^r 1787. » Peu importait d'ailleurs, l'ancien régime était sur le point de s'écrouler,
et si la décision du conseil privé vint consacrer une mesure
inique et marquée au coin de l'intolérance, cette mesure n'eut
plus qu'une existence de peu de durée.

Nous aurons bientôt l'occasion de revenir sur l'opinion des
Luxembourgeois au sujet des juifs.

A côté de ces taxes locales, il faut signaler une capitation extraordinaire que le gouvernement général des Pays-Bas essaya
un moment d'établir sur les juifs. Par un décret daté de Bruxelles
le 20 novembre 1756, le duc Charles de Lorraine, gouverneur
général, voulant réprimer la trop grande facilité avec laquelle on
tolérait leur séjour dans ces pays, malgré la défense rigoureuse
des édits, prescrivit aux magistrats des villes où l'on supposait que
des juifs avaient leur résidence, de faire une ordonnance de police,
en vertu de laquelle ceux d'entre eux, qui voudraient s'y fixer,
seraient obligés de payer annuellement, au profit de l'impératrice
(Marie-Thérèse régnait alors sur les Pays-Bas), une somme de
trois cents florins, à peine de bannissement perpétuel. Et comme,
sous prétexte de passage ou de résidence momentanée, les juifs
auraient pu en éluder le payement, le décret prescrivit aux magistrats de leur interdire le séjour de ces villes au delà de deux fois
vingt-quatre heures, à peine de payer la taxe, ou de punition arbitraire, dans le cas où ils n'auraient pas été en état de la payer[1].
Le décret fut transmis, à fin d'exécution, aux magistrats de
Bruxelles, de Louvain, d'Anvers, de Malines, de Gand, de Bruges,
d'Ypres, d'Ostende, d'Alost, de Tournai, de Mons, d'Ath, de Namur,
de Charleroi, de Luxembourg et de Ruremonde[2]. Plusieurs de
ceux-ci firent l'ordonnance, d'autres négligèrent de se soumettre
aux ordres du gouvernement ou mirent peu d'empressement à
s'exécuter.

C'est ainsi que dans sa réponse au duc Charles, en date du 30

---

[1] Carmoly a donné dans sa *Revue orientale*, t. III, p. 293-294, d'après l'original
conservé aux archives communales de Bruxelles, le texte de ce décret adressé au
magistrat de cette ville. La teneur de ceux qui furent expédiés aux autres villes n'en
diffère que par le nom de chacune de celles-ci.

[2] Mémoire à l'empereur par Phil. O'Kelly, un des assesseurs du prévôt de l'hôtel et
du drossard de Brabant, sans date (mars 1786) ; original dans le carton 1293.

décembre de la même année [1], le magistrat de Bruxelles, avant
de procéder à la rédaction d'une ordonnance de police en cette
matière, se crut obligé de présenter au gouverneur général quelques observations, pour le déterminer à modérer la rigueur de son
décret ou à modifier du moins certaines prescriptions qui y étaient
contenues. Les arguments invoqués en cette circonstance par le
magistrat montrent une tolérance remarquable pour le temps. Il
faisait observer qu'il ne trouvait guère ou point d'inconvénients à
souffrir que les juifs, dont le nombre ne dépassait pas alors vingt
têtes à Bruxelles, continuassent à y demeurer. Il faisait l'éloge
de leur conduite et élevait en leur faveur la voix de l'humanité ;
il prévoyait les graves inconvénients d'une ordonnance de ce genre
et terminait ses remontrances en ces termes :

Enfin quelque disposition que V. A. R. trouve bon de rendre
sur cette matiere, il nous paroit qu'un edit dans les formes emané au
nom de S. M. sera plus efficace que les ordonnances particulières de
police à publier dans les villes respectives.

Et nous en croions la formalité d'autant plus necessaire dans
l'espece dont il s'agit, que notre jurisdiction est bornée au territoire
de cette ville et de sa cuve, et que, par conséquent, nous ne pouvons
comminer par nos ordonnances la peine de bannissement qu'avec
interdiction de rentrer dans les limites susmentionnées.

En sorte que les reglemens à emaner par les villes du pais laisse-
roient toujours aux juifs une liberté entiere de s'etablir au plat pais
où la residence de la plupart d'entre eux causeroit plus de mal et
d'inconveniens que dans les villes closes.

Le gouvernement général ne tint aucun compte des observations si justes du magistrat de Bruxelles et lui enjoignit de passer
incessamment outre à l'exécution de l'ordonnance [2].

Celui-ci obéit en publiant le 17 septembre 1757 l'ordonnance de
police réclamée [3] ; mais le gouvernement, changeant d'avis, écrivit le 7 juin 1758 au conseil de Brabant de prescrire à l'amman [4]
de Bruxelles de surseoir à son exécution. Il ordonnait néanmoins
à celui-ci de veiller sur la conduite des juifs qui se rendraient en

<hr>

[1] Minute aux archives de Bruxelles ; publiée par Carmoly, vol. cité, p. 294-301.
[2] Dépêche du comte de Cobenzl, ministre plénipotentiaire, au magistrat de Bruxelles, 14 juin 1757 ; original aux archives de cette ville, publié par Carmoly, vol.
cité, p. 301-302.
[3] En flamand ; original enregistré dans le *Publicatie boeck*, 1756-1762, aux archives de Bruxelles ; traduit dans Carmoly, vol. cité, p. 445-446.
[4] L'amman de Bruxelles était le chef justicier dans la ville et dans son quartier,
appelé l'*ammanie*. Il présidait le corps du magistrat en qualité de représentant du souverain. Il faisait mettre à exécution les décrets de celui-ci et les ordonnances de l'administration locale ; il décidait sur les demandes d'admission à la bourgeoisie, etc.

cette ville, et d'en faire sortir tous ceux qui ne pourraient établir leurs moyens d'existence, ou sur la conduite desquels cet officier aurait le moindre soupçon[1].

Le magistrat d'Anvers reçut aussi du gouvernement, sous le paraphe du comte de Neny, chef et président du conseil privé, un décret de la même date, renfermant, outre des dispositions analogues, quelques observations au sujet de l'admission de juifs à la bourgeoisie, admission sur laquelle nous aurons occasion de revenir plus loin.

> Charles comte du Saint Empire Romain, de Cobenzl, chambellan, conseiller d'Etat intime actuel, et ministre plenipotentiaire de S. M. l'Imperatrice Reine de Hongrie et de Boheme pour le gouvernement general de ses Pays-Bas, etc., etc.

Tres chers et bien amés, Ensuite des representations nous faites au sujet des ordonnances, que vous avéz été chargés de faire emaner contre les juifs, qui veulent prendre domicile en ces pays, nous vous faisons cette pour vous informer, que notre intention est, que provisionellement vous ne les fassiez pas emaner : ordonnant neanmoins à l'ecouttete[2] de votre ville, de veiller exactement sur la conduite des juifs, qui pourroient se rendre dans votre ville et d'en faire sortir d'abord et sans la moindre dissimulation tous ceux, qui ne pourroient pas faire conster d'avoir des moyens pour subsister et sur la conduite desquels il auroit le moindre soupçon; et afin qu'il ne depende pas du bon plaisir de cet officier de chasser ou de laisser ces juifs, nous vous ordonnons d'etablir des commissaires, qui prendront des informations sommaires à cet égard, sur les quelles vous pourrez disposer et decider. Aiant aussi été informé que l'on auroit admis chez vous au droit de bourgeoisie le juif Abraham Aaron, quoique la qualité essentielle de celui, qui veut acquerir ce droit, est celle de professer la religion catholique, dont ni vous ni l'ecoutette ont le pouvoir de dispenser, nous declarons que soit que ce juif ait été admis à la bourgeoisie par l'un ou par l'autre, il n'a pas été permis de le faire, qu'en consequence ces admissions sont nulles ; vous defendant bien expressement au nom de Sa Majesté d'en faire de pareilles à l'avenir. A tant, tres chers et bien amés, Dieu vous ait en sa sainte garde. De Bruxelles le 7. juin 1758. Paraphé Ne. v¹, signé le C. Cobenzl. Plus bas etoit par ord⁰⁰ de Son Excellence et

---

[1] Dépêche de Cobenzl au conseil de Brabant, 7 juin 1758; en copie dans le carton 1293; publiée fort inexactement par Carmoly, vol. cité, p. 302-303, d'après la copie adressée au magistrat de Bruxelles, conservée aux archives de cette ville. — Il y a dans ces deux copies 17 février au lieu de 17 septembre.

[2] Les fonctions de l'écoutette d'Anvers différaient peu de celles de l'amman de Bruxelles.

contre signé F. J. Misson. L'adresse etoit à nos tres chers et bien amés ceux du magistrat d'Anvers à Anvers et cacheté du cachet de S, M. en hostie rouge, plus bas etoit ita est in originali et signé De Baltin [1].

A Namur, le magistrat s'était sans doute soumis de bonne grâce au décret du gouverneur général; il ne tarda pas avoir l'occasion d'appliquer l'ordonnance de police.

Le 16 septembre 1757, le magistrat fait connaître au comte de Cobenzl que, depuis la publication de l'ordonnance en question, un juif, nommé Isaac Joseph, ayant séjourné à Namur, avec sa femme et son valet, au delà de deux fois vingt-quatre heures, et n'ayant pas payé, pour eux trois, la somme de 900 florins, a été arrêté; que sur la requête présentée au comte par le condamné, cette somme a été réduite à 300 florins; et que, depuis lors, aucun juif ne s'est présenté à Namur [2].

La conséquence du payement de cette énorme taxe était néanmoins la reconnaissance de l'existence en quelque sorte légale des juifs qui s'y seraient soumis; aussi le décret du duc Charles fut-il accueilli avec répugnance par le magistrat de Luxembourg, qui se permit, d'adresser le 4 janvier 1757, au gouverneur général, des remontrances par lesquelles il protestait contre la faculté laissée aux juifs de s'établir dans cette ville, moyennant le payement de la taxe en question. Voici en quels termes ces représentations furent adressées au gouverneur général :

Monseigneur,

Il a plu à V : A : R : nous ordonner par ses lettres closes du 20. 9bro dr de faire emaner une ordonnance de police, par laquelle il sera declaré que les juifs qui voudront se fixer dans cette ville, seront obligés de paier annuellement au profit de S : M : à la recette de ses domaines chacun une somme de trois cent fl., dont ils devront nous faire conster avant de s'etre établis, et ainsi d'année en année à peine de bannissement perpetuel ; afin qu'ils ne puissent eluder le paiement de cette taxe sous pretexte de leur passage ou d'une residence momentanée, qu'il leur soit defendu de sejourner en cette ville au delà de deux fois vingt quatre heures, à peine de paier la taxe de trois cent fl., ou de punition arbitraire s'ils ne sont pas en etat de satisfaire a cette somme.

---

[1] Copie dans le carton 1293, au dossier des frères Cantor. Ce décret est enregistré en extrait dans le *Placcaetboek van den hove*, vol. 19, fol. 193, aux archives de la ville d'Anvers.

[2] *Annales de la Soc. archéol. de Namur*, t. V, 1857-1858, p. 291 ; d'après le registre des *Résolutions du magistrat*, X, 194, aux archives de la ville de Namur.

Nous esperons, Monseigneur, que malgré l'entiere soumission que nous avons et devons avoir à la gracieuse volonté de V : A : R :, elle nous permettra de representer avec le plus profond respet que le motif des ordres nous donnés par ses d^tes lettres closes pour l'etablissement des juifs n'influe aucunement sur cette ville ni sur cette province.

La religion catholique romaine a toujours été trop sacrée en ce pais et les deffences reiterées de nos trés augustes souverains de tolerer aucune secte abusive et reprouvée de notre mere la sainte Eglise ont en tout tems été ici trop respectables, pour qu'en contravention auxd^ts placcards et edits et en mepris de lad^te religion on eusse jamais eu la facilité de tolerer qu'aucun juif s'etablisse dans cette ville ou province; meme dans le tems, que dans les autres provinces des Païs bas la vraie religion periclitat, si avant que quelques unes ont eu l'audace de prendre les armes contre leurs legitimes souverains pour soutenir leurs erreurs, celle ci, demeurant contament (*sic*) attachée à ses souverains, est restée fidele à son Dieu sans soufrir que la moindre erreur s'y soit glissée; encore a-t-on été ici toujours plus en garde contre la nation juive, nation maudite de Dieu et ouvertement ennemie des chretiens, qui fait profession d'exercer sur eux l'usure la plus outrée et cherche à succer pour ainsi dire jusqu'au sang leur moiens et facultés : que deviendroit une notable partie de cette bourgeoisie s'il étoit permis aux juifs de fixer ici domicil? Plusieurs bourgeois se trouvant dans le besoin croiroient de trouver du soulagement chez eux, mais il ne seroit que momentané, et leur ruine totale s'ensuivroit bientot, et le mal se communiquant au plat pais par l'intrigue des juifs il deviendroit universel, tant les bourgeois que les laboureurs reduits à la misere seroient hors d'etat de suporter la moindre chose dans les aides et subsides, le roial service meme s'en trouveroit grandement interessé.

Bien loin d'avoir toleré en quelque maniere les juifs dans cette province, on a toujours été trés attentif a les en eloigner. Ils ont toujours été si meprisables en ce païs qu'ils s'y trouvent assujetis depuis tout tems au droit de haut conduit comme les animaux brutes. Passent-ils meme aprés sur quelque pont de la province, il faut qu'ils paient par tete quatre sols, taxe plus forte qu'il ne se paie d'aucun desd^ts animaux au passage des ponts, et l'entrée de cette ville ne leur a jamais été permise que parmi paiant chacun deux sols et demi; voulurent-ils rester plus de deufois 24. heures ici, ce qui n'est jamais arrivé que pendant le tems de la foire, ils ont du derechef s'annoncer et paier le meme droit pour pouvoir jouir d'un autre pareil terme et aprés ils ont été obligés a se retirer.

Ce consideré, Monseigneur, nous osons esperer que V : A : R : daignera nous dispenser gracieusement de ses susd^ts ordres; c'est la grace que nous attendons en toute humilité de sa gracieuseté et de sa magnanimité ordinaires, grace qui nous sera d'autant plus precieuse qu'elle nous paroit etre necessaire pour le maintien de la pu.

reté de la s^{te} religion et pour le bien etre des sujets, étant avec le plus profond respet,

Mgr,

de V: A: R:,

les plus humbles et les plus obeissans etc.[1].

Vacat : 7. h.
Le 4e jan^r 1757.

Le gouverneur général fit la sourde oreille à ces remontrances, car le 7 septembre de la même année, Cobenzl adressa au magistrat de Luxembourg, sous le paraphe du président du conseil privé, M. de Steenhault, la dépêche suivante, où le silence sur les protestations ci-dessus est significatif :

> Charles comte du Saint Empire Romain, de Cobenzl, chambellan, conseiller d'Etat intime actuel, et ministre plénipotentiaire de S. M. l'Imperatrice Reine de Hongrie et de Bohême pour le gouvernement général de ses Pays-bas, etc. etc.

Tres chers et bien amés.

Nous vous chargeons de nous informer de l'effet qu'a produit l'ordonnance de police qu'il vous a eté ordonné par lettres du 20. 9bre dernier de faire emaner, pour obliger les juifs qui voudront se fixer dans la ville de Luxembourg, à paier annuellement, au profit des domaines de S. M., une somme de trois cent florins : A tant, tres chers et bien amés, Dieu vous ait en sa s^{te} garde. De Bruxelles le 7. sep^{bre} 1757. ://: STEENH. V^t.

Le C. COBENZL.

Par ord^{co} de Son Excellence,

F. J. MISSON[2].

Le magistrat répondit dans le courant du même mois qu'il avait différé de rédiger l'ordonnance prescrite, le *gracieux silence* du gouverneur général, le duc Charles de Lorraine, lui ayant fait présumer que ses remontrances avaient été favorablement accueillies; qu'en outre il espérait que Cobenzl ordonnerait qu'à l'avenir les édits et les placards ci-devant décrétés contre la nation juive seraient rigoureusement observés. Voici la requête adressée à Cobenzl :

---

[1] Archives de la ville de Luxembourg : Minute reliée dans le registre 21, intitulé *Actes et decrets de 1718 à 1766*, tome I, pièce cotée 21. — « Vacat : 7 h. » signifie que sept heures de vacation ont été employées pour la rédaction de cette minute.

[2] Mêmes archives : Original relié *ibid.*, pièce cotée 22.

5

Mgr,

Aiant plu à Votre Excellence nous ordonner par lettres du 7. du mois courant de l'informer de l'effet qu'a produit l'ordonnance de police que S: A: R: nous a enjoint, par lettres du 20. 9ᵇʳᵉ 1756, de faire emaner touchant les juifs qui voudront se fixer en cette ville, nous sommes obligés de dire en tout respet que malgré notre entiere soumission à tout ce qui nous est ordonné de la part de Sa Majᵗᵉ l'Imperatrice Reine, nous avons pris la trés respectueuse liberté de faire le 4. janvier dʳ a S: A: R: la plus humble representation qui va cijointe en copie, afin de la supplier pour les raisons y deduites de nous dispenser gracieusement de ses dits ordres, le motif qui semble les avoir fait donner, savoir la trop grande facilité avec laquelle on tolereroit les juifs, ne trouvant pas lieu dans cette ville ni province, bien loin de là, les juifs aiant de tout tems été ici traités selon la rigeur des edits et placcards que nos trés augustes souverains ont autrefois fait emaner contre cette nation, non seulement pour le bien etre de leurs sujets, mais aussi afin de conserver la pureté de la vraie religion : dans la confiance que S: A: R: daigneroit d'avoir favorable egard à notre dite representation, ce que son gracieux silence du depuis nous a fait presumer, nous avons differé jusqu'à present de faire emaner l'ordonnance de police cidessus. Nous esperons, Monseigneur, que V: E:, vues les raisons deduictes en toute humilité de notre part, ne voudra non plus nous obliger à cela, mais qu'au contraire, par un effet de sa bienveillance et de sa magnanimité ordinaires, elle sera servie d'ordonner qu'aussi à l'avenir les edits et placcards cidevant emanés contre la nation juive soient ici ponctuellement et selon toute la rigeur suivis et observés. C'est la grace qu'osent attendre ceux qui sont avec le plus profond respect et avec une entiere soumission,

Mgr,de V: E:[1].

Nous ignorons la suite de cette affaire : ici s'arrêtent nos documents. Si nous rapprochons ceci de ce qui fut décidé pour Bruxelles et pour Anvers, il est probable que le magistrat de Luxembourg fut dispensé de faire l'ordonnance de police en question. Peut-être aussi persista-t-il dans sa résistance et le gouvernement ferma-t-il les yeux. Au reste, les rapports que nous avons publiés plus haut au sujet des taxes locales, montrent à quelles vexations les juifs furent soumis en cette dernière ville jusqu'à la fin de l'ancien régime.

Ailleurs aussi, selon les caprices ou les intérêts du moment, on mettait parfois des entraves aux affaires des juifs : on les arrêtait plus ou moins arbitrairement, ou bien on leur faisait subir d'autres

---

[1] Mêmes archives : Minute reliée *ibid.*, pièce cotée 21 *bis*

avanies. A Ostende, en 1765, deux juifs furent arrêtés pour n'avoir pas payé la taxe de 300 florins, mais le conseil privé, au nom de l'impératrice, ordonna leur élargissement en ces termes :

L'Imperatrice Reine,

Chers et bien amés,   Aïant vû vôtre représentation du 22. de ce mois, au sujet des deux juifs, nommés David Abraham et Salomon Cyman, natifs et domiciliés à Middelbourg, arrêtés et conduits dans les prisons de Nôtre ville d'Ostende, Nous vous faisons la présente à la déliberation du comte Charles de Cobenzl, Nôtre ministre plénipotentiaire pour le gouvernement général des Pays-Bas, pour vous dire que ces deux juifs soient incessamment et sans frais élargis. Au surplus comme il a été déclaré, que l'ordonnance du 20. novembre 1756. concernant le séjour des juifs dans ces païs, ne seroit pas provisoirement exécutée, Nous vous envoions pour vôtre information et direction, une copie des lettres ecrites en cette conformité à ceux du conseil de Brabant. A tant, chers et bien amés, Dieu vous ait en sa s^{te} garde. De Bruxelles le 31. juillet 1765. Paraphé Ne. v^t., en dessous étoit par ord^{re} de Sa Majesté signé P. Maria, au bas, au magistrat d'Ostende[1].

En 1771, Isaac Liebtmans, négociant en diamants à Amsterdam, se plaignit au gouvernement de l'affront qu'il avait reçu à Bruxelles où, à son arrivée d'Anvers, on l'avait arraché de la diligence et fait conduire par des soldats chez l'amman. Le duc Charles de Lorraine fit connaître à cet officier que rien n'empêchait le suppliant de passer et de repasser par Bruxelles pour vaquer librement aux affaires de son commerce en d'autres villes étrangères[2].

Nous allons enfin arriver à une époque où les juifs verront poindre pour eux dans les Pays-Bas une lueur de liberté. Cependant la ville de Luxembourg continua de les repousser jusque vers la fin du xviii° siècle, non peut-être sans quelque raison; car se trouvant dans le voisinage de pays où ils étaient nombreux, elle dut plus d'une fois être visitée par la lie des juiveries d'alentour. Il n'en était pas de même dans le reste des Pays-Bas, où les quelques juifs qui étaient venus s'y fixer ou désiraient de s'y établir offraient plus de garanties d'honnêteté. On verra dans le chapitre suivant les difficultés qu'ils eurent néanmoins à surmonter pour arriver à jouir peu à peu des droits des autres citoyens.

---

[1] Copie dans le carton 1293.

[2] Carton 1293 : Lettre d'envoi originale du duc Charles de Lorraine au conseil privé, 19 février 1771 ; — dépêche originale du même à l'amman de Bruxelles, 20 février 1771 ; — apostille au nom du même, 6 mars 1771.

VI

ADMISSIONS DE JUIFS A LA BOURGEOISIE.

Dans la plupart des villes des Pays-Bas, tous les habitants jouissaient des mêmes droits et de la même protection, mais de grands avantages étaient assurés à ceux qui faisaient partie de la bourgeoisie, soit par naissance, soit par achat. A Bruxelles, par exemple, la qualité de bourgeois était indispensable pour entrer dans un corps de métier et pour exercer la plupart des industries. L'étranger qui voulait acquérir cette qualité devait fournir les preuves d'une probité sans tache. L'entrée dans la bourgeoisie avait pour le juif l'avantage de lui permettre de pratiquer sans entraves sa profession ou son négoce.

Déjà en 1715, le 16 septembre, un boutiquier juif, nommé Abraham Aaron ou Arons, fut admis bourgeois d'Anvers [1]. Quelques années après, le 13 juin 1732, un autre juif, Jacob Cantor, après avoir résidé plus de trente ans à Bruxelles, reçut aussi à Anvers un acte de bourgeoisie [2]. Mais ces sortes d'admissions, faites, soit par le magistrat de cette ville, soit par l'écoutette, c'est-à-dire l'officier du gouvernement près de ce magistrat, furent plus tard déclarées nulles, parce que la qualité essentielle de celui qui voulait acquérir la bourgeoisie était de professer la religion catholique, et que ni le magistrat ni l'écoutette n'avaient le pouvoir de dispenser personne de cette qualité [3].

Désormais, les demandes d'obtention de bourgeoisie, faites par des juifs, furent examinées par le conseil privé, qui avait dans ses attributions la direction et la surveillance de la justice et de la police des Pays-Bas autrichiens, et à la délibération duquel étaient soumises la rédaction des nouvelles lois et l'interprétation des anciennes.

Il existe aux archives générales du royaume à Bruxelles un carton renfermant les dossiers relatifs aux affaires des protestants

[1] Carton 1293 : Lettre originale du magistrat d'Anvers aux gouverneurs généraux Marie–Christine et Albert-Casimir, 8 juillet 1782. — Archives de la ville d'Anvers : *Poortersboek*, 1712-1729.

[2] Carton 1293 : *Extrait du protocole du conseil privé de Sa Majesté, du 3. août 1782.* — Archives de la ville d'Anvers : *Poortersboek*, 1729-1737.

[3] Décret de Cobenzl au magistrat d'Anvers, 7 juin 1758. Nous avons donné plus haut le texte de ce document au chapitre des *Taxes sur les juifs.*

et des juifs dans la seconde moitié du xviii° siècle [1]. Nous ferons connaître, d'après les documents contenus dans ces dossiers et d'après d'autres conservés ailleurs, les raisons qui ont milité pour ou contre l'admission des juifs aux droits de la généralité des citoyens. Nous donnerons in extenso quelques-uns de ces documents, parce qu'ils caractérisent fort bien les idées de l'époque dont nous nous occupons, et qu'ils font connaître l'origine, la profession et la condition des juifs qui résidaient alors dans les Pays-Bas, ainsi que d'anciens usages peu ou point connus aujourd'hui.

Généralement les magistrats des villes, peu favorables aux juifs, n'étaient guidés dans leur opposition que par des motifs d'un intérêt étroit ou d'une économie politique égoïste, tandis que le conseil privé, comme tout ce qui touchait de près au gouvernement, était plus porté à la tolérance.

Anvers.

On vient de voir deux admissions de juifs à la bourgeoisie d'Anvers, l'une de 1715, l'autre de 1732, mais elles furent entachées de nullité.

Vers le mois d'août 1769, le juif Abraham Benjamin, établi à Londres depuis plusieurs années, demanda à pouvoir fixer son domicile à Anvers avec sa famille, et à y transporter le siège du commerce considérable qu'il faisait en Angleterre et dans les Pays-Bas. C'était peut-être une façon modérée d'exprimer son désir d'arriver à la bourgeoisie.

Le magistrat d'Anvers se montra défavorable à cette demande, sous prétexte que le commerce du suppliant consistait principalement en produits de fabriques anglaises, dont on ne devait point faciliter l'importation dans un temps où le gouvernement mettait tous ses soins à favoriser l'établissement de fabriques du même genre dans les Pays-Bas. Cependant le suppliant avait le mérite de faire une exportation considérable de dentelles en Angleterre ; par là il procurait un avantage d'autant plus grand aux lieux de production, que les marchands du pays ne faisaient ou ne pouvaient faire ce commerce. Le magistrat ajoutait : « Voilà en effet tout le mérite du suppliant, mais on remarque que ce commerce de den-

---

[1] C'est le carton n° 1293 des archives du conseil privé, intitulé *Hérésie et tolérance*. Nous avons déjà eu l'occasion de faire connaître quelques-unes des pièces qui y sont contenues.

telles fait evanouir sa pretendue exactitude dans les paiemens des droits d'entrée et sortie, car pour faire ce commerce il doit, en Angleterre, en faire l'importation en fraude ; or est-il à presumer, que celui, qui fraude dans son pays natal, ne sera pas plus scrupuleux dans un autre, si l'occasion se présente [1] ? »

Dans un second avis, le magistrat allégua que personne de la nation juive n'avait jamais pu obtenir la bourgeoisie en aucune ville d'Europe ; ce qui était inexact, puisque nous venons de voir qu'à Anvers même, dans la première moitié du xviii° siècle, des juifs avaient déjà joui de cet avantage ; « pas même en Hollande, ajoutait-il, où les juifs seuls sont réputés indignes du privilege de la bourgeoisie, tandis qu'on l'accorde à tout autre sans discernement de secte ni de religion. » Le magistrat disait encore que, si Abraham Benjamin voulait être exempt des droits de tonlieu, il lui suffisait de tenir à Anvers fixe habitation ; mais demander d'être reçu au nombre des bourgeois, c'était vouloir déguiser son intention de commercer en détail, par poids et par mesures, ainsi qu'il le faisait depuis quelque temps secrètement, en Brabant et en Flandre. « S'il parvient à la bourgeoisie, il prétendra d'abord d'être admis dans le chef métier des merciers, pour lever tout obstacle de pouvoir vendre librement en détail. » Le magistrat apportait ensuite tous les lieux communs habituels contre la façon de commercer des juifs, et exposait que c'était la raison pourquoi aucun État n'avait encore osé conférer aux juifs les droits de citoyen. Après avoir rappelé le décret de Cobenzl du 7 juin 1758, que nous avons reproduit quelques pages plus haut, et avoir ajouté que ce décret ayant toujours été exactement observé, le gouvernement avait rejeté depuis toutes les demandes semblables faites par des juifs, il proposait au gouverneur général d'éconduire le suppliant [2].

Comme la principale objection qu'on opposait à la demande d'Abraham Benjamin était, qu'en acquérant la bourgeoisie, celui-ci pourrait faire le commerce en détail, il s'engagea, sous telle peine qu'on trouverait bon de lui imposer, à ne pas exercer cette sorte de commerce [3].

Le motif principal d'opposition étant ainsi écarté, le conseil privé proposa au gouverneur général d'autoriser l'admission de ce juif à la bourgeoisie, mais à condition qu'en cas de contravention

---

[1] Carton 1293 : Lettre originale du mag. d'Anvers au duc Charles de Lorraine, gouverneur général, 1er septembre 1769.

[2] Carton 1293 : Lettre originale du même au même, 9 septembre 1769.

[3] Carton 1293 : Copie de l'engagement pris par Abraham Benjamin, 9 octobre 1769.

à l'engagement pris par le suppliant, celui-ci serait déchu du droit
de bourgeoisie et encourrait, outre les peines ordinaires commi-
nées par les ordonnances du magistrat d'Anvers, une amende de
mille florins au profit de Sa Majesté [1].

Conformément à cet avis, le 28 octobre 1769, le gouverneur général autorisa le magistrat à admettre Abraham Benjamin sous les
conditions précédentes, mais en stipulant que cette grâce ne pourrait en aucun cas être tirée à conséquence, et que la disposition
prise en 1758, qui excluait les juifs de la bourgeoisie, serait maintenue dans toute son étendue [2].

Vers le mois d'avril 1782, Benjamin Joel Cantor et Samuel Joel
Cantor, frères, négociants, adressèrent une requête à l'empereur
pour obtenir la qualité de bourgeois d'Anvers. Ils alléguaient que
leur père, Joel Jacob, né à Amsterdam, avait demeuré plus de
dix-huit ans à Anvers, et que leur grand-père, Jacob Cantor,
après une résidence de plus de trente années à Bruxelles, avait
même été admis à la bourgeoisie d'Anvers le 13 juin 1732 [3]. Les
gouverneurs généraux, Marie-Christine et Albert-Casimir, ren-
voyèrent la requête à l'avis du magistrat de cette ville [4]. Voici la
réponse de celui-ci :

Madame et Monseigneur,

Nous avons reçu avec respect la depeche du 18. avril dernier, par laquelle Vos Altesses Roiales daignent demander notre avis sur la
requete y jointe des freres Cantor, juifs, afin d'être admis à la bourgeoisie de cette ville.

Pour satisfaire aux ordres de Vos Altesses Roiales, nous avons
l'honneur de dire, qu'il est vrai, que les supplians se sont adressés
à nous pour devenir bourgeois à Anvers, mais leur demande nous a
parue (sic) d'autant plus etrange que de tout tems les negotians
juifs ont eu la liberté de venir se domicilier en cette ville, lorsqu'ils
ont voulu y exercer quelque commerce, et si, par une residence continue, ils habitent fixement ici, ils acquierent les memes prerogatives,
que nos autres citoiens, à l'exception, qu'ils ne peuvent entrer dans
les sermens [5] ni dans les corps de metiers, ce qui ne conviendroit

[1] Carton 1293 : *Extrait du protocole du conseil privé de Sa Majesté, du 21. octobre
1769.*

[2] Carton 1293 : Minute du décret du duc Charles de Lorraine au mag. d'Anvers,
28 octobre 1769.

[3] Archives de la ville d'Anvers, collection P. van Setter, vol. de 1782-1783, fol.
12, v° : Copie de la requête des frères Cantor à l'empereur, signée par G. Becker,
agent admis au conseil privé ; sans date.

[4] *Ibid.*, fol. 12, r° : Original de la dépêche des gouverneurs généraux, Marie-Christine et Albert-Casimir, au mag. d'Anvers, 18 avril 1782.

[5] On appelait *sermens*, en Belgique, les compagnies d'élite des gardes bourgeoises.

pas, puisque quelques uns d'eux tiennent à la constitution de l'Etat, par la voix qu'ils ont dans les consentemens des villes : les juifs ont aussi toujours été exclus de la bourgeoisie, et l'admission du grand pere des supplians, en 1732, a surement été faite par l'inadvertance de l'ecoutette ou sous ecoutette, qui par leur office sont chargés d'examiner la conduite et la religion de ceux, qui se presentent pour etre bourgeois; le gouvernement instruit d'une pareille admission dans la personne d'Abraham Aaron en 1715, l'a declarée nulle par decret du 7. juin 1758 ci-joint n° 1, et nous a en meme tems defendu d'en faire de telles à l'avenir ; depuis cette epoque nous avons constamment refusé tous les juifs, qui ont fait des tentatives pour être soustraits à cette loi.

Ce n'est qu'en 1769 que feue Son Altesse Roiale a dispensé le juif Abraham Benjamin et nous a ordonné par sa depeche du 28. octobre de la meme année ci-jointe n° 2, d'admettre ledit Benjamin à notre bourgeoisie, avec cette clause cependant, que cette grace ne pourra jamais être tirée à aucune consequence et que le decret du 7. juin 1758 doit être maintenu dans toute son etendue.

Nous avions pour lors remontré au gouvernement les inconveniens de l'admission des juifs à notre bourgeoisie et l'exclusion generale, qui est observée contre eux dans tous les Etats de l'Europe, et comme nous avons encore les memes raisons de nous y opposer, nous joignons ici n° 3 la copie de la representation du 1. septembre 1769.

Nous prions Vos Altesses Roiales de prendre un egard favorable aux motifs qui y sont deduits et nous osons nous flatter qu'elles voudront maintenir le decret de 1758 et econduire les supplians de leur demande.

Parmi quoi esperans avoir satisfait aux ordres de Vos Altesses Roiales, nous avons l'honneur d'être avec un tres profond respect,

Madame et Monseigneur,

De Vos Altesses Roiales,

Les tres humbles et tres obeissans serviteurs,

bourguemaitres, echevins et conseil de la ville d'Anvers,

P: Van Setter [1].

Anvers ce 8. juillet 1782.

Le conseil privé fut chargé d'examiner l'affaire et prit la décision suivante :

Extrait du protocole du conseil privé de Sa Majesté,
du 3. aout 1782.

M. de Grysperre [2] a fait le rapport suivant : Les nommés Benjamin

---

[1] Original dans le carton 1293. — L'annexe n° 1 a été publiée plus haut au chapitre des *Taxes sur les juifs* ; les deux autres, n° 2 et 3, sont des copies de documents que nous avons résumés à propos de l'admission d'Abraham Benjamin.

[2] Conseiller au conseil privé.

Joel et Samuel Joel Cantor, freres, juifs de nation, et commerçans de profession, demandent par requête d'être admis à la bourgeoisie de la ville d'Anvers. Ils allèguent que leur pere Joel Jacob, né à Amsterdam, a déjà demeuré à Anvers plus de dix huit ans, et que leur grand-pere Jacob Cantor a demeuré plus de trente ans à Brusselles; que celui-ci même a été bourgeois d'Anvers, comme conste par l'acte de bourgeoisie, daté du 13. juin 1732, joint par copie authentique à la requête.

Ceux du magistrat d'Anvers, à qui cette requête a été envoyée, s'opposent par leur avis ci-joint à ce que les supplians demandent, en alleguant toutes les raisons générales qu'on a coutume de rappeller contre l'admission des juifs, et les défauts dont on arguë ordinairement, et souvent avec raison, ceux de cette nation. Les avisans reclament un décret du 7. juin 1758, qui leur défend très expressément d'admettre des juifs à la bourgeoisie. Ils conviennent que par un autre décret du 28. octobre 1769, ils ont été chargés d'admettre à la bourgeoisie le négociant juif Abraham Benjamin, mais ils observent en même tems, que ce décret déclare que cette grace ne pourra, dans aucun cas, être tirée à conséquence pour d'autres, et veut « que la disposition faite en 1758, qui exclut l'admission des » juifs à la bourgeoisie, soit maintenue dans toute son étendue ».

Ils ajoutent, qu'il ne conviendroit certainement pas que les juifs puissent entrer dans les sermens, ni dans les corps de métier, dont quelques-uns tiennent à la constitution de l'Etat, par la voix qu'ils ont dans les consentemens des villes.

Le conseil observa pendant la délibération, que les argumens de ceux du magistrat d'Anvers contre les juifs en général, sont justes, et que les dispositions que les avisans rappellent, ne concernent que l'admission des juifs à la bourgeoisie d'Anvers par la seule autorité et du seul chef du magistrat, sans le concours du gouvernement, qui par là s'est réservé le droit de dispenser dans les cas particuliers, et pour des individus qui peuvent mériter d'être exceptés de la règle ordinaire et générale; que l'admission du négociant juif Abraham Benjamin à la bourgeoisie d'Anvers en 1769, fait la preuve de cette observation, qui d'ailleurs est conforme au principe que le gouvernement a suivi récemment à l'égard de plusieurs juifs admis à Ostende par autorisation expresse du gouvernement, et qu'à cette occasion on a fait connoitre tant aux fiscaux de Flandre, qu'à ceux du magistrat d'Ostende, qu'on n'est pas éloigné d'accorder dispense à des individus juifs pour être admis à la bourgeoisie, lorsqu'après un examen scrupuleux le gouvernement général aura été plainement appaisé sur leurs mœurs, leur droiture et leur fortune.

Il est naturel et tout simple, que les individus juifs qui obtiennent pareille dispense, ne doivent et ne peuvent même pas devenir par là habiles à occuper des offices ou emplois publics quelconques, ni à avoir droit de suffrage dans les affaires publiques ou municipales, mais que cette dispense ne doit être censée que leur accorder simplement les effets privés et purement personnels de la bourgeoisie, sans aucune relation à tout ce qui va plus loin.

Le conseil estime qu'en inhérant dans ce principe, qui à beaucoup d'égards peut être lié au bien public, le bon plaisir de Leurs Altesses Royales pourroit être de le faire connoitre à ceux du magistrat d'Anvers, et les chargeant en conséquence de s'informer dûement et de s'expliquer sur les mœurs, la droiture et la fortune des supplians, et sur les motifs particuliers qu'ils peuvent avoir pour demander l'admission à la bourgeoisie de la ville d'Anvers, afin que le gouvernement puisse, avec pleine connoissance de cause, disposer sur la requête des supplians, comme il trouvera convenir.

Le conseil joint ici le projet de dépêche qui résulte de son sentiment, pour être, en cas d'approbation, munie de la signature de Leurs Altesses Royales, et adressée au magistrat d'Anvers. //. Ne. v⁴ [1].

Les gouverneurs généraux paraphèrent pour approbation cette *consulte* du conseil privé ; en conséquence, la dépêche suivante fut envoyée au magistrat d'Anvers :

Bᵃ [Bruxelles] le 3. aout 1782.

Marie etᵃ.   Albert etᵃ.

Ayant vu l'avis que vous Nous avez rendu le 8. juillet dernier sur la requête des juifs Benjamin Joel et Samuel Joel Cantor, freres, Nous vous faisons la presente pour vous dire que, sans faire cesser les defenses générales ci devant portées d'admettre les juifs à la bourgeoisie de la ville d'Anvers, Nous ne sommes cependant pas eloignés d'accorder à cet égard dispense à des individus de la religion juive, lorsqu'après un examen scrupuleux, nous aurons été pleinement appaisés sur leurs mœurs, leur droiture, leur fortune et leur profession : laquelle dispense ne rendra néanmoins en aucun cas l'obtenteur habile à occuper ou remplir des offices ou emplois publics quelconques, ni à avoir droit de suffrage dans les affaires publiques ou municipales, de telle nature qu'elles puissent être, mais que la même dispense n'accordera simplement audit obtenteur que les effets privés et purement personnels de la bourgeoisie, sans aucune relation à ce qui va plus loin.

D'après ces principes, c'est notre intention que vous Nous informiez et vous expliquiez dûement sur les mœurs, la droiture, la fortune et la profession des supplians, et sur les motifs particuliers qu'ils peuvent avoir pour demander l'admission à la bourgeoisie d'Anvers, afin que Nous puissions, avec pleine connoissance de cause, disposer sur la requête des supplians, comme Nous trouverons convenir. A tant etᵃ [2].

---

[1] Carton 1293 : Minute mise au net.
[2] Carton 1293 : Minute mise au net.

Une note marginale écrite sur la *minute mise au net*, d'après laquelle nous rapportons ce document, nous apprend qu'il fut signé par les gouverneurs généraux, Marie-Christine et Albert-Casimir, sous le paraphe du président du conseil privé, le comte de Neny, et le contre-seing de l'un des secrétaires de ce conseil, de Reul.

Bien que la réponse du magistrat fût, cette fois encore, de prier les gouverneurs généraux de débouter les suppliants de leur demande, on y remarque cependant une certaine bienveillance à l'égard de ceux-ci.

Madame et Monseigneur.

Comme il a plu à Vos Altesses Roïales de nous ordonner, par leur depeche du 3. aout dernier, de nous expliquer sur les mœurs, la droiture, la fortune et la profession des frères Cantor, juifs, et sur les motifs particuliers, qu'ils peuvent avoir pour demander l'admission à la bourgeoisie d'Anvers, nous avons l'honneur de dire que quant à leurs mœurs, nous sommes informés par les propriétaires de la maison où les suppliants ont depuis longtems occupé un quartier[1], qu'ils ont toujours été d'une conduite très regulière; les marchands de cette ville qui ont acheté une fois chez eux continuent pour la plupart d'y prendre leurs marchandises, ce qui nous paroit constater leur droiture et leur honneteté.

Pour ce qui regarde leur fortune, il ne nous est pas possible de la déterminer ; nous sommes obligés de nous en rapporter à ce qu'ils nous alleguent. Ils nous ont declaré que par année commune ils font circuler dans leur commerce un fonds de f. [florins] 25000 et ils presentent de verifier cette somme par les billets des droits d'entrée, qu'ils paient aux bureaux de Sa Majesté.

Leur profession est de vendre en gros toutes sortes de toiles de coton, des mousselines, des porcelaines et d'autres marchandises des Indes, qu'ils vont acheter dans les ventes des compagnies en Hollande; ils font aussi quelques foires dans les villes voisines, mais ils debitent la plus grande partie de leurs effets en cette ville. Il conste par cet aveu des supplians, que tout leur commerce consiste en importation, dont il ne resulte pas le moindre avantage pour les fabriques de ces pays. Ils occupent à present en cette ville une maison entière, pour la quelle ils paient f. 132 par an, pour le vingtième f. 18, et f. 8 de contribution aux gardes bourgeoises.

Les supplians nous ont dit qu'ils ne demandent la bourgeoisie d'Anvers que dans l'intention que ce titre leur donnera plus de consideration dans leur commerce, en les distinguant des autres individus de leur nation, qui n'ont qu'un etat precaire et menent une vie errante. Ils preferent cette ville pour sa situation, qui les met a même de continuer leur debit tant en Flandre, en Hainaut, qu'au

[1] Appartement.

plat pays de cette province; d'ailleurs tous leurs correspondans, dont ils fournissent les boutiques, sont accoutumés à venir les trouver ici, où ils ont depuis plus de vingt ans tenu leur magasin. Mais comme ils pourroient jouir de toutes ces prerogatives, et même de l'exemption du thol [1], par leur residence continue en cette ville, sans être admis à la bourgeoisie, nous esperons que V. A. R. prenant un egard favorable aux raisons, que nous avons deduites dans notre avis du 8. juillet dernier, daigneront econduire les supplians de leur demande, puisque le refus de l'admission à la bourgeoisie ne les prive que de vendre en detail, permission qu'il seroit dangereux d'accorder à ceux de la nation juive par les inconveniens qui en resulteroient pour le public.

Parmi quoi esperans avoir satisfait aux ordres de V. A. R., nous avons l'honneur d'être avec un très profond respect,

Madame et Monseigneur,

Anvers ce 26. octobre 1782.

De V. A. R.,

L'adresse ordinaire à Leurs Altesses Roiales, Bruxelles.

Les très humbles et très obeissans serviteurs, bourguemaitres, echevins et conseil de la ville d'Anvers, P: van Setter [2].

Comme on le voit, l'opposition du magistrat n'était pas bien vive, et le conseil privé, alors dans les meilleures dispositions envers les juifs, donna un avis favorable sur la requête des frères Cantor [3]. Par suite de cet avis, les gouverneurs généraux adressèrent au magistrat d'Anvers le décret suivant, sous le paraphe de M. de Külberg, conseiller au conseil privé :

Marie Christine, princesse roiale de Hongrie et de Bohême, archiduchesse d'Autriche, duchesse de Bourgogne, de Lorraine et de Saxe Teschen etc.

Albert Casimir, prince roial de Pologne et de Lithuanie, duc de Saxe Teschen, grand croix de l'ordre roial de St Etienne, feld-maréchal des armées de Sa Majesté l'Empereur et Roi et de celles du St Empire Romain etc.

Lieutenants, gouverneurs et capitaines généraux des Pais-Bas, etc. etc. etc.

Chers et bien amés,   Aiant eu rapport de l'avis ultérieur, que vous Nous avez rendu le 26. 8bre dernier, sur la requête des frères Cantor, juifs, Nous vous faisons la présente pour vous dire, que, trou-

---

[1] Toulieu.

[2] Minute de la main du secrétaire P. van Setter, aux archives de la ville d'Anvers, collection P. van Setter, vol. de 1782-1783, fol. 16.

[3] Carton 1293 : *Extrait du protocole du conseil privé de Sa Majesté, du 2. décembre 1782.*

vant nôtre entier appaisement dans les informations, que renferme le dit avis, Nous permettons que les susmentionnés frères Cantor soient admis à la bourgeoisie de la ville d'Anvers, sur le pied et aux conditions et clauses énoncées dans nôtre dépêche du 3. août de la présente année; selon quoi, vous aurez à vous régler. A tant, chers et bien amés, Dieu vous ait en sa sainte garde. De Bruxelles le 11. décembre 1782 ://: Paraphé : Kulb. v᷄, signé : Marie, Albert, plus bas : Par ordonnance de Leurs Altesses Roiales, contresigné : De Reul. L'addresse étoit : A nos chers et bien amés ceux du magistrat d'Anvers, et cacheté du cachet de Sa Majesté en hostie rouge [1].

L'admission des frères Cantor fut ainsi enregistrée, en flamand, dans le livre des bourgeois d'Anvers :

24 décembre. — Benjamin Joel Cantor, natif d'Amsterdam, juif, marchand.

24   id.   — Samuel Joel Cantor, natif d'Amsterdam, juif, marchand.

> *Nota.* Ces deux juifs ont été admis à la bourgeoisie ensuite de la dispense de la cour, en date du 11 décembre 1782, enregistrée dans le *Placaertboek van den hove*, vol. 23, fol. 35 [2].

Il n'est peut-être pas sans intérêt de rapporter ici que, sous l'Empire, pendant la réunion des provinces belgiques au territoire français, Samuel Joel Cantor, probablement le seul survivant des deux frères, exhiba son acte de bourgeoisie, lorsqu'il comparut devant l'officier de l'état civil d'Anvers, pour remplir au sujet de son nom et de ses prénoms les obligations prescrites par le décret impérial du 20 juillet 1808. Rien ne l'obligeait à cette formalité, ni celui des trois décrets du 17 mars de cette année, qui soumettait à un régime d'exception certaines catégories de juifs, ni aucun arrêté préfectoral ; il voulait sans doute montrer par là qu'il avait depuis longtemps été jugé digne de l'estime et de la considération de ses concitoyens.

Le trois octobre dix huit cent huit, à dix heures du matin, par devant nous Jacques Joseph Hebrant, adjoint au maire de la ville d'Anvers, et officier de l'etat civil specialement délégué par lui, est comparu Samuel Joel Cantor, particulier entretenu, agé de cinquante ans, natif d'Amsterdam, Hollande, domicilié à Anvers, section 1ᵉʳᵉ,

---

[1] Archives de la ville d'Anvers : Copie dans le *Placcaetboek van den hove*, vol. 23, fol. 35.

[2] Mêmes archives : *Poortersboek*, 1782.

n° 1970, lequel nous ayant exhibé deux actes authentiques qu'au mois de décembre dix sept cent quatre vingt deux, il a acquis le droit de bourgeoisie de cette ville d'Anvers, nous a en conséquence déclaré qu'il conserve les prénoms de Samuel Joel, et le nom de Cantor, ce dernier étant le nom que portait son ayeul; et nous en avons redigé le present acte dont lecture a été donnée au comparant, lequel a signé avec nous.

S. J. CANTOR.   JACQ. HEBRANT[1].

Le juif Levi Abraham, natif de Hanovre, s'adressa aussi à l'empereur pour obtenir l'admission à la bourgeoisie de la ville d'Anvers, où il résidait depuis quinze ans[2], et où, d'après ce qu'il avait fait connaître au magistrat, il désirait exercer « le commerce » de bijouterie ainsi que d'autres branches ». Après avoir pris l'avis du magistrat, le conseil privé ne fut pas d'avis d'accueillir la demande du suppliant, « le commerce qu'il deveroit exercer est » celui de brocanteur qui est suspect ou du moins peu recomman- » dable en lui-même[3] », et lui refusa, le 4 décembre 1784, l'autori- sation qu'il sollicitait[4].

Ostende.

Vers 1781, plusieurs juifs s'étaient adressés au magistrat d'Os- tende afin d'être reçus bourgeois de cette ville, l'obtention de la bourgeoisie leur étant nécessaire pour pouvoir négocier sans en- traves. Parmi les postulants il y en avait qui promettaient de bonnes maisons de commerce pour la ville d'Ostende, et devaient, selon toute apparence, contribuer à sa prospérité. De ce nombre était Ezéchiel de Jongh, négociant d'Amsterdam, qui adressa à l'empe- reur, vers le mois d'août 1781, une supplique afin d'obtenir cette faveur[5].

Le bourgmestre et les échevins d'Ostende, consultés à ce sujet, envoyèrent, le 31 août, un avis défavorable au conseil de Flandre[6].

---

[1] Archives de l'état civil d'Anvers : *Registre aux déclarations des sectateurs du culte hébraïque, tenu en exécution du décret impérial donné à Bayonne, le vingt juillet dix huit cent huit*, folio 2, recto, n° 8.

[2] Carton 1293 : Requête originale à l'empereur, signée par l'agent Mertens, procu- reur au conseil privé, et datée de Bruxelles, 26 mars 1784.

[3] Carton 1293 : *Extrait du protocole du conseil privé de Sa Majesté, du 27. sep- tembre 1784.*

[4] *Ibid.* : Apostille du conseil privé, non paraphée, 4 décembre 1784.

[5] Carton 1293 : Lettre originale de J.-B. Schottey, bailli d'Ostende, au prince de Starhemberg, ministre plénipotentiaire, 19 août 1781.

[6] Carton 1293 : Lettre originale du magistrat d'Ostende au conseiller fiscal Diericx à Gand, 31 août 1781.

Ils y engageaient le gouvernement à n'admettre les juifs qu'avec réserve et précaution; et le même jour ils écrivaient à l'empereur un avis, en quelque sorte opposé, où ils disaient au sujet d'Ezéchiel de Jongh : « Nous estimons que le suppliant pourroit être du nombre de ceux que Vôtre Majesté favoriseroit jusqu'à ce point : parce que nôtre bailli [1] nous a assuré, que le suppliant lui a fait conster par des certificats en due forme, et par le témoignage de personnes dignes de foi, qu'il jouit d'une bonne réputation et est reconnu pour une personne de probité [2]. »

Le conseil privé demanda l'avis du conseil de Flandre ; il en reçut la réponse suivante, remarquable à la fois par l'esprit de tolérance qui y règne, et par une bienveillance envers les juifs, extraordinaire pour le temps.

Messeigneurs.

Vu la demande faite à VV. SS. Ill^mes par le bailli de la ville et port d'Ostende par sa lettre ci-rejointe, si l'intention du gouvernement est que les juifs soient admis à la bourgeoisie de la ville d'Ostende ou point.

Vu aussi ci-annexé l'avis y rendu par le magistrat de ladite ville, qui incline à ce qu'il soit refusé la bourgeoisie aux juifs qui se présenteront pour l'acquerir, parce qu'il croit que les vues des iseraelites (*sic*) ne sont point d'établir dans Ostende des maisons de commerce, mais uniquement de s'y arrêter momentanement, pour, dans le moment present de faveur, enlever aux negotians actuels des branches du commerce qu'ils exercent avec les sujets de quelques unes des puissances belligerantes.

Nous ne trouvons point, Messeigneurs, dans notre code edictal des ordonnances qui excluent les juifs d'acquerir la bourgeoisie, ni qui leur defendent de demeurer dans ces païs, si on en excepte les edits prohibitifs du 47. juillet 4549. et 30. mai 4550. [3], les decrets du 20. 9bre 4756. et 47. fevrier 4757., rappelés dans ceux que le bailli a joints à sa lettre, n'aiant été adressés au conseil en Flandre [4].

Les ordonnances susdites des années 4549. et 4550. ont été toujours

---

[1] Le bailli d'Ostende avait des fonctions analogues à celles de l'amman de Bruxelles et de l'écoutette d'Anvers.

[2] Carton 1293 : Lettre originale du magistrat d'Ostende à l'empereur, 31 août 1781.

[3] Il s'agit ici de deux placards de bannissement, édictés au nom de l'empereur Charles-Quint, contre les nouveaux chrétiens : le premier donné à Gand le 17 juillet 1549, et le second à Bruxelles le 30 mai 1550. On en trouve le texte flamand dans les *Ordonnantien, statuten, edicten ende placcaerten van Vlaenderen*, eerste deel, tweeden druck vermeedert, Antwerpen, 1662, p. 201-204.

[4] Le décret du 20 novembre 1756 est celui du duc Charles de Lorraine, dont nous avons parlé aux *Taxes sur les juifs*. Quant au décret du 17 février 1757, il faut probablement entendre par là l'ordonnance de police rédigée par le magistrat de Bruxelles en exécution du décret précédent du duc Charles. Le 17 février serait pour le 17 septembre ; nous avons déjà plus haut, dans une note, signalé la même erreur.

en vigueur, c'est ensuite d'icelles que les magistrats de nos villes n'ont point souffert que les juifs auroient fixé leur demeure dans les villes, et c'est aussi probablement en vuë de les exclure de la bourgeoisie, que partout où elle s'acquiert par admission ou concession, il a été introduit qu'avant d'y recevoir un etranger, celui ci étoit tenu de verifier sa catholicité, ses bons mœurs (*sic*) et bonne conduite à l'appaisement du magistrat.

Quant à la catholicité, sur laquelle il étoit necessaire au siecle seizieme pendant les troubles que la police veillat, les circonstances sont changées, les desordres qu'on vouloit prevenir alors par les deffenses contre l'admission des juifs et des religionaires, ne sont plus à craindre; tous les legislateurs d'aujourd'hui ont adopté la tolerance, plus conforme à l'esprit de notre religion que la persecution et infiniment plus utile et plus avantageuse pour la societé en general et nommement pour le commerce, que ces gênes et ces entraves contre la liberté, qui la plus part (*sic*) ne sont que des productions du fanatisme.

Il est vrai que la nation juive a été jadis proscrite dans plusieurs Etats du monde à cause de l'usure qu'ils y avoient introduite et que les princes d'alors crurent que leur sejour dans ces Etats etoit obstatif au progrés du commerce, mais on est revenu de cette erreur; l'acceuil (*sic*) que quelques princes modernes et republiques leur ont fait depuis, et le traitement moderé qu'ils leur ont accordé sous la protection des loix, ont demontré qu'ils ont servi d'instrumens utiles et necessaires au progrés du commerce; aussi cette nation a formé dans plusieurs Etats des maisons de commerce tres considerables et solides, au bien et a l'avantage de l'Etat qui leur avoit donné un azile.

D'apres cette experience, nous pensons qu'il seroit avantageux pour la ville d'Ostende dans les circonstances actuelles, d'acquerir quelques juifs de cette classe; mais pour s'assurer que ceux qui se presentent sont des sujets de probité qui ont d'ailleurs les dispositions requises, le magistrat, avant de les admettre à la demeure ou à la bourgeoisie pourroit s'en faire subminister les preuves; s'ils n'en peuvent point produire, ou si le magistrat les trouve insuffisantes, il pourra leur refuser l'azile, mais non point par la raison seule qu'ils sont juifs.

Finalement nous observons, Messeigneurs, que ceux qui demandront la bourgeoisie auront certainement pour but de jouir de la franchise du tonlieu et d'autres privileges mentionnés rub. 1. de la coutume d'Ostende, et vu que, selon l'esprit du decret du 15. janvier 1684.[1], il semble que les etrangers, quoiqu'admis bourgeois par le magistrat, ne sont habiles à jouir des privileges et exemptions

---

[1] On en trouve le texte, en français, dans le *Derden Placcaet-boeck van Vlaenderen*, Ghendt, 1685, p. 1353, où il est intitulé: *Lettres de Sa Majesté* [Charles II] *declarans que les François s'estans fait bourgois de quelque ville ont besoing de lettres de naturalisation, du 15. janvier 1684.*

de la bourgeoisie sans lettres de naturalisation, je pense qu'il seroit convenable que VV. SS. Ill^{es} s'explicassent sur ce sujet pour prevenir toute difficulté qui pourroit dans la suite s'emouvoir.

Nous avons l'honneur d'etre d'un profond respect,

   Messeigneurs,

     De VV. SS. Ill^{es},

    Les tres humbles et tres obeissants serviteurs,

     Les conseillers fiscaux de S.M. en Flandre,

      J. Diericx.   L. B. de Haveskercke.

Gand le 11. 7bre 1781.

Au Conseil privé de S. M.[1].

Le conseil privé ayant appris qu'Ezéchiel de Jongh était un homme fort à son aise, très actif et très entendu dans le commerce, servant de courtier à plusieurs des principales maisons d'Ostende, émit un avis favorable[2]. Le 22 novembre 1781, un décret, contenant l'autorisation demandée, fut donné, au nom de l'empereur, par le conseil privé au magistrat de cette ville[3]. On y remarque ces paroles bienveillantes à l'égard des juifs et vraiment encourageantes pour eux : « Nous vous prevenons que nous ne sommes pas éloigné d'accorder de pareilles dispenses à d'autres individus de la même religion, lorsqu'apres un examen scrupuleux, notre gouvernement general aura été pleinement appaisé sur leurs mœurs, leur droiture et leur fortune. »

Ezéchiel de Jongh, reçu bourgeois d'Ostende, s'établit dans cette ville avec sa famille ; il s'y installa grandement et y exerça la profession de courtier de commerce. Mais l'année suivante, lorsqu'il fut question de fixer à Ostende le nombre des courtiers et des agents de change et de leur donner une commission légale[4], on objecta au nouveau bourgeois sa religion, qui l'excluait des emplois publics et municipaux. Le conseil privé leva la difficulté qui surgissait, et déclara que la profession de courtier n'était dans aucun pays considérée comme un emploi ou un office public, et que rien n'empêchait Ezéchiel de Jongh d'être pourvu d'une telle commission[5].

La facilité avec laquelle Ezéchiel de Jongh avait été admis à la bourgeoisie engagea bientôt d'autres juifs à solliciter la même

---

[1] Original dans le carton 1293.

[2] Carton 1293 : *Extrait du protocole du conseil privé, 19. novembre 1781.*

[3] Minute dans le carton 1293.

[4] *Réglement du 31. juillet 1782. pour les courtiers de commerce et agents de change en la ville d'Ostende*, en français, dans le *Zesden Placcaert-boek van Vlaenderen*, vergaedert door Serruys, Gend, 1786, pp. 1093-1099.

[5] Carton 1293 : *Extrait du protocole du conseil privé de Sa Majesté, du 12. octobre 1782.*

faveur. Salomon de Mendes, un des négociants d'Amsterdam les plus considérés, tant par sa fortune que par sa droiture en affaires, ayant également transféré son domicile à Ostende, s'adressa vers le mois de mars 1782 à l'empereur afin d'y être reçu bourgeois. Le magistrat consulté écrivit au gouvernement que ce juif jouissait d'une très bonne réputation et était tenu pour un grand capitaliste qui se proposait de fonder une importante maison de commerce en cette ville. Salomon de Mendes voulait y établir un magasin de toutes sortes de marchandises précieuses des Indes. Il en avait déjà reçu une partie, dans la croyance, disait-il, que sa religion n'apporterait aucun obstacle à son admission. Le magistrat d'Ostende estimait qu'il était utile et avantageux d'attirer de pareils citoyens, capables de faire fleurir le commerce de cette ville [1]. Le conseil privé émit un avis favorable [2] et, le 6 mai 1782, autorisa, au nom de l'empereur, le magistrat d'Ostende à admettre Salomon de Mendes à la bourgeoisie [3].

Presque en même temps que le précédent, le 13 avril 1782, le juif Henry Hendrick, domicilié à Ostende depuis dix-huit mois, adressa à l'empereur une semblable requête. Le magistrat l'ayant appuyée [4], le conseil privé émit un avis favorable, mais avec cette réserve que les juifs admis à la bourgeoisie ne pourraient jouir que des droits civils et non pas des droits politiques. « C'est sur ce pied, ajoutait-il, que Leurs Altesses Roiales ont fait connoitre en semblable circonstance leurs intentions à ceux du magistrat d'Anvers, par depêche du 14. août dernier, résultée de l'extrait du protocole de ce conseil du 3. du dit mois d'aout [5]. » Voici le texte du décret envoyé, au nom de l'empereur, par le conseil privé au magistrat d'Ostende, en conséquence de cet avis :

L'Empereur et Roi.

Chers et bien-amés,   Ayant vu l'avis que vous Nous avez rendu le 1. mai de la présente année, sur la requête du juif Henri Hendrick, Nous vous faisons la présente pour vous dire, que, prenant égard aux motifs que vous alléguez en faveur du suppliant, Nous vous autorisons à l'admettre à la bourgeoisie de notre ville d'Ostende, et Nous déclarons en même tems, que l'admission à la bourgeoisie dans quelque ville des Pays-Bas, soumis à notre obéissance, ne rend pas les individus juifs habiles à y remplir ou occuper des offices ou

---

[1] Carton 1293 : Lettre originale du magistrat d'Ostende à l'empereur, 29 avril 1782.

[2] Carton 1293 : *Extrait du protocole du conseil privé de Sa Majesté, du 2. mai 1782.*

[3] Carton 1293 : Minute du décret adressé au magistrat d'Ostende, 6 mai 1782.

[4] Carton 1293 : Lettre originale du magistrat d'Ostende à l'empereur, 1er mai 1782.

[5] Carton 1293 : *Extrait du protocole du conseil privé de Sa Majesté, du 25. septembre 1782.*

emplois publics quelconques, ni à avoir droit de suffrage dans les affaires publiques ou municipales, de telle nature qu'elles puissent être, mais que ladite admission à la bourgeoisie, lorsqu'il est permis de l'accorder à des individus juifs, ne leur donne simplement que les effets privés et purement personnels de cette bourgeoisie ; selon quoi vous aurez à vous régler constamment : A tant, chers et bien-amés, Dieu vous ait en sa sainte garde. Bruxelles le 30. septembre 1782. Etoit paraphé, *Ne. v^t*, et signé, *P. Maria.*

Au Magistrat d'Ostende [1].

Le magistrat reçut Hendrick au nombre des bourgeois et l'admit à la prestation du serment accoutumé en pareille circonstance. C'est ce que nous apprend l'acte suivant, que nous traduisons du flamand :

En présence des messieurs [2] soussignés, à Ostende, comparut en personne Henry Hendrick, qui a déclaré sous serment solennel *forma juris*, prêté entre nos mains à la passation du présent, accepter la bourgeoisie et la *civilité* [3] de cette ville, promettant d'observer les ordonnances et les statuts de la même ville, fidélité à Sa Majesté l'Empereur et Roi, etc., etc., promettant de tenir domicile fixe dans cette ville sous peine de déchéance, et de faire tout ce qui convient et incombe à un bon et fidèle bourgeois.; cette admission se faisant ensuite de la requête du comparant présentée à Sa Majesté l'Empereur et Roi, le trente septembre 1782. En connaissance etc. Fait le 12. octobre 1782. (Signé) H. Hendrick, F. Bowens, Joseph Cosyn et J. B. Schottey [4].

Nous trouvons encore en 1786 une nouvelle admission de juif à la bourgeoisie de cette ville. C'est celle d'Emmanuel Lyon, origi-naire d'Allemagne, négociant en quincaillerie d'Angleterre, domi-cilié à Ostende avec sa famille. Le 19 août de cette année, le conseil privé autorisa le magistrat à l'admettre sous les mêmes réserves que celles stipulées pour le précédent [5].

Bruxelles.

Le juif Philippe Nathan ayant été admis à la bourgeoisie de Bruxelles par ordre du gouvernement, le magistrat de cette ville,

---

[1] Minute dans le carton 1293. Ce décret est imprimé, en français, dans le *Zesden Placcaert-boeck van Vlaenderen*, vergaedert door Serruys, Gend, 1786, p. 712-713 ; nous en donnons le texte d'après ce recueil.

[2] Schottey, bailli ; Bowens et Cosyn, échevins.

[3] « De poorterye en de civiliteyt ».

[4] Archives de la ville d'Ostende : *Porterien,* reg. I, 1782-1784, folio 213.

[5] Dossier dans le carton 1293.

mû par les plaintes et les réclamations des *nations*[1], adressa des remontrances aux gouverneurs généraux, Marie-Christine et Albert-Casimir, les priant de révoquer les lettres de bourgeoisie obtenues, disait-il, subrepticement par Nathan.

Les nations représentaient les corps de métier dans le conseil de la commune; leur opposition à l'admission des juifs à la bourgeoisie était connexe à celle qu'elles venaient de faire à l'affectation des fonds destinés à l'achèvement de la maison de force de Vilvorde. Les gens des métiers voyaient un préjudice pour eux dans l'exercice de certaines professions par les juifs, comme ils redoutaient la concurrence du travail des prisonniers[2]. Voici les remontrances faites à cette occasion par le magistrat :

A Leurs Altesses Roïales.

Remontrent en très profond respect les bourguemaitres, echevins, trésoriers, receveurs et conseil de la ville de Bruxelles, que le nommé Nathan aïant été admis à la bourgeoisie de cette ville, ce fut avec surprise qu'ils apprirent qu'il étoit juif et reconnu publiquement en cette ville pour être de cette religion. Les loix et des usages constants ont toujours exclus les juifs de la bourgeoisie et des metiers de cette ville, on a cru leur religion et leur intollerance incompatibles avec les devoirs de citoïen ; et quoique l'humanité les ait fait souffrir et tollerer dans l'Etat, jamais ils n'ont joui des droits accordés à la bourgeoisie et aux différentes corporations qui la composent, et les édits de tollerance de Sa Majesté que Vos A. R. ont fait parvenir aux remontrans par leurs décrets du 12. 9bre, du 15. Xbre 1781 et par celui du 1er mai 1782, ne changent en aucune maniere les usages reçus à cet égard. Les droits et les privileges de la bourgeoisie n'ont été par ces édits accordés qu'aux protestans et aux acatholiques dont la conduite seroit morale et chrétienne.

Les nations assemblées à l'occasion des propositions ordinaires du subside et d'une demande qui leur fut faite de la part des etats de cette province pour l'entretien de la maison de force, adresserent deux fois aux remontrans à ce sujet leurs plaintes et leurs réclamations ; ils leur firent sentir le tort que leur feroit l'admission des juifs à la bourgeoisie et aux metiers et le prejudice qu'en exerçant leurs professions pourroit leur porter cette nation intollerante par principes de religion, ennemie des chrétiens, et par cette raison peu scrupuleuse sur les moïens d'acquerir à leurs depens. Dans ces

---

[1] Les neuf *nations*, ou troisième membre de la commune de Bruxelles, se composaient des doyens de métier en exercice et de leur *arrière-conseil* (en flamand *achterraed*), formé des doyens sortis de charge.

[2] La construction de la maison de force avait été commencée en 1774. Sur l'opposition des nations à l'affectation des fonds destinés à son achèvement, voir Henne et Wauters, *Hist. de la ville de Bruxelles*, t. II, p. 305-307, et Wauters, *Hist. des environs de Bruxelles*, t. II, p. 485-488.

circonstances les remontrans, quoi qu'ils soïent persuadés que c'est sub et obreptivement que le nommé Nathan a obtenu le décret par lequel il a été enjoint à l'amman de l'admettre à la bourgeoisie de cette ville et que la chambre des comptes ne lui a donné dispense de produire son extrait baptistaire que par ce qu'elle ignoroit qu'il étoit juif, croiroient pourtant manquer au respect dû à l'autorité de V. A. R. et de leur gouvernement si, sans leur aveu, ils faisoient revoquer les lettres de bourgeoisie qui sub et obreptivement lui ont été accordées en vertu du décret adressé à l'amman, et c'est le sujet de leur recours vers l'autorité de V. A. R.

Les suppliant très humblement de leur permettre d'agir à charge du dit Nathan à l'effet susmentionné.

C'est la grace et*.

Bruxelles ce 11. X^bre 1783 [1].

Ces remontrances furent envoyées à l'examen du conseil privé. Sur ces entrefaites, la réputation de Nathan ayant, à tort ou à raison, subi quelque atteinte, de nouvelles difficultés surgirent relativement à son admission. Le 9 juillet 1785, le conseil n'ayant pas encore pris de décision définitive, remettait tous ses actes concernant ce juif à M. de Crumpipen, chancelier de Brabant. Nous ne savons quelle suite fut donnée à cette affaire [2].

Benedictus ou Benoit Bramm ou Braham [3], négociant, né à Strélitz, fils d'Abraham Israel et de ... Reische, avait payé, le 27 février 1785, le droit de bourgeoisie à Bruxelles, où il prétendait avoir son domicile depuis seize ans. Se fondant sur la faveur accordée à Philippe Nathan, dont il se disait le neveu, il se plaignit au gouvernement du refus du magistrat de l'admettre au serment des bourgeois. Le magistrat prenait pour prétexte de son refus la conduite suspecte de la plupart des juifs depuis qu'on les tolérait dans cette ville [4].

Michael Mitchell, *juif, mais pas connu pour tel*, dit le protocole du conseil privé, né à Londres, domicilié à Bruxelles depuis vingt ans, renouvela en 1785 auprès du conseil des finances une demande déjà faite en 1778 et en 1782, pour obtenir, sur les marchandises qu'il était dans le cas de faire venir dans le pays, l'exemption des droits de tonlieu, sur le pied de celle accordée aux bourgeois

---

[1] Archives de la ville de Bruxelles : Copie dans le reg. intitulé *Copye boeck*, 25. *junii 1783 – 21. julii 1784.*

[2] Quelques pièces du dossier de Nathan se trouvent encore dans le carton 1293.

[3] Il signait *Benois Bramm* ; c'était le mari de Sarah Miriam, dont nous avons donné l'épitaphe.

[4] Carton 1293 : *Extrait du protocole du conseil privé de Sa Majesté, du 30. juin 1785.*

de Bruxelles. Il importait des produits d'Angleterre et d'autres pays et exportait des toiles et des dentelles fabriquées dans les Pays-Bas. C'était un gros négociant, que les marchands de Bruxelles avaient choisi pour l'un des syndics de l'association pour le droit de halle, ce qui prouve la considération dont il jouissait. Le conseil privé, afin de l'exempter des droits de tonlieu, proposa spontanément de le faire admettre à la bourgeoisie, mais en même temps il rejeta la demande de Benoit Bramm[1]. En conséquence de cet avis, les gouverneurs généraux prescrivirent, le 3 août 1785, au magistrat de Bruxelles d'admettre Michael Mitchell à la bourgeoisie de cette ville, et d'éconduire Benoit Bramm. Ils ajoutaient dans leur décret que les juifs ne pourraient plus désormais être admis à la bourgeoisie de cette ville, sans un ordre exprès du gouvernement[2].

L'année suivante, le juif Emanuel Siprutini, établi depuis 1781 à Bruxelles, où il faisait un commerce considérable, surtout en vins, pria les gouverneurs généraux d'ordonner au magistrat de cette ville de le recevoir bourgeois sur le pied ordinaire[3]. L'avis du conseil privé lui ayant été favorable[4], le gouvernement ordonna son admission[5].

Dans ces faveurs accordées à des juifs de Bruxelles, il faut remarquer qu'il n'est plus fait mention de la réserve des droits politiques, spécifiée dans certaines admissions à la bourgeoisie d'Anvers et d'Ostende; on ne doit cependant pas en inférer que le gouvernement se fût départi de ses précédents errements.

Mons.

Le magistrat de Mons, ayant reçu des requêtes de juifs demandant à être reçus bourgeois de cette ville, s'informa, le 16 dé-

---

[1] Carton 1293 : *Extrait du protocole du conseil privé de Sa Majesté, du 30. juin 1785.*

[2] Carton 1293 : Minutes du décret adressé, au nom des gouverneurs généraux, par le conseil privé, le 3 août 1785 : 1° au mag. de Bruxelles, 2° à l'amman, 3° à la chambre des comptes.

[3] Carton 1293 : Requête originale aux gouverneurs généraux, 7 juillet 1786.

[4] Carton 1293 : *Extrait du protocole du conseil privé de Sa Majesté, du 14. août 1786.*

[5] Carton 1293 : Minute du décret du comte de Barbiano et Belgiojoso, min. plénip. pour le gouvernement général des P.-B., au magistrat de Bruxelles, même date. — Original dans le dossier intitulé *Juifs et protestants*, aux archives de la ville de Bruxelles; publié par Carmoly, *Revue orient.*, t. III, p. 446, où l'on a imprimé par erreur 1768 au lieu de 1786. — Carton 1293 : Minute du décret du même à l'amman, même date.

cembre 1788, auprès de celui de Bruxelles, de la direction à prendre
à ce sujet [1]. Le magistrat de Bruxelles répondit, le 22 du même
mois, que l'édit de Joseph II en matière de tolérance ne concernait
pas les juifs ; que, malgré cela, quelques-uns d'entre eux avaient
été admis à la bourgeoisie, mais d'après une disposition particulière du gouvernement pour chaque cas. Il ajoutait : « Quelque
fois le gouvernement nous a entendu au préalable sur la demande
faite et a econduit le suppliant, en d'autre tems l'ordonnance
d'admettre a été portée le magistrat inoui [2]. »

M. Léopold Devillers, conservateur des archives de l'État et de
la ville à Mons, a bien voulu compulser pour nous les comptes
de la trésorerie de cette ville, pour y chercher des mentions de
réception de juifs à la bourgeoisie; il n'en a trouvé qu'une seule,
qui date de 1789 et est ainsi consignée :

Nouvelle bourgeoisie.

Par le règlement du 18 avril 1764, art. 68, ce droit ayant été aug-
menté jusqu'à cinquante livres, le comptable sur ce pied en a reçu
un seul, durant le terme de ce compte, provenant de Monin Paquin,
juif, icy...................... .... 50 lb [3].

M. Devillers nous fait remarquer que, vers 1788, le magistrat
de Mons avait recommandé au receveur des droits de bourgeoisie
d'y faire entrer toutes les personnes non encore inscrites et n'ayant
pas, par conséquent, payé le droit de 50 livres précité.

Ruremonde.

Henry Levy Lippman, juif, natif de Veitshöchheim, en Fran-
conie, près de Wurtzbourg, après avoir fait pendant vingt ans le
négoce aux Indes orientales avec plusieurs associés, avait quitté
ces contrées, disait-il, à la suite de la prise par les Français des
vaisseaux chargés de leurs fonds. Il s'était retiré auprès de ses
amis en Allemagne, et, désirant reprendre le commerce, avait
songé à s'établir avec sa famille à Ruremonde, capitale de la
Gueldre autrichienne, où il avait en outre l'intention de fonder un
mont-de-piété. Si ce qu'il rapportait de sa parenté était vrai, ce

[1] Original aux archives de la ville de Bruxelles, dans le dossier intitulé *Juifs et protestants*.

[2] Minute dans le même dossier. — La lettre du magistrat de Mons et la réponse de celui de Bruxelles ont été publiées peu exactement par Carmoly, vol. cité, p. 447.

[3] Archives de la ville de Mons : Compte de la trésorerie pour l'année 1789, cha-pitre 3 intitulé *Recettes des droits de bourgeoisie et autres*.

juif devait être d'une extraction peu commune. Le conseil privé
demanda l'avis du magistrat de Ruremonde[1]. Celui-ci s'opposa à
la requête du suppliant, se basant sur ce que l'édit du 17 mai 1570
ne permettait pas l'établissement des juifs dans la principauté
de Gueldre et le comté de Zutphen[2], et, en outre, sur ce que
Lippman ne spécifiait pas la nature du négoce et des entreprises
qu'il se proposait de faire[3]. Le conseil privé émit en conséquence
un avis défavorable[4], et les gouverneurs généraux, s'y étant
rangés, firent écrire le 27 février 1782 au magistrat de Ruremonde de refuser à Lippman l'autorisation qu'il sollicitait[5].

Ce sont là toutes les admissions et tous les refus d'admission
parvenus à notre connaissance. Le gouvernement général ou le
conseil privé ont dû cependant avoir à se prononcer sur d'autres
cas, témoin ce qui est dit dans la lettre du magistrat d'Anvers au
duc Charles de Lorraine, du 9 septembre 1769, que nous avons
citée plus haut à propos d'Abraham Benjamin. Nous pensons aussi
que l'on s'est parfois passé de l'autorisation du gouvernement, à
preuve l'admission de Monin Paquin à Mons en 1789, laquelle n'eut
probablement lieu que par suite d'une mesure purement fiscale.
Il importe peu d'ailleurs de connaître tous les cas d'admission
ou de refus; ce que nous avons rapporté suffit amplement pour
donner un aperçu de la situation faite aux commerçants juifs des
Pays-Bas autrichiens au siècle dernier.

VII.

PROJET D'ÉDIT CONTRE LES JUIFS.

L'inexécution du décret du 20 novembre 1756 avait attiré dans
les Pays-Bas autrichiens un grand nombre de juifs mendiants, va-

---

[1] Carton 1293 : Minute de la dépêche adressée, au nom de l'empereur, par le
conseil privé au mag. de Ruremonde, 9 janvier 1782.

[2] *Placcaert verbiedende aen de jooden het woonen in den vorstendom Gelre ende
graefschap Zutphen*. Une copie de cet édit en flamand, donné à Bruxelles le 17 mai
1570, au nom du roi Philippe II, est jointe, comme annexe n° 2, à la requête indiquée
dans la note suivante.

[3] Carton 1293 : Requête originale du mag. de Ruremonde à l'empereur, 1er février
1782.

[4] Carton 1293 : *Extrait du protocole du conseil privé de Sa Majesté, du 20. février
1782.*

[5] Apostille du conseil privé, non paraphée, 27 février 1782, au bas de la minute
de la dépêche du 9 janvier.

gabonds ou voleurs, fugitifs ou bannis des États voisins. Ils parcouraient les villes et les campagnes, se disant tous marchands, et
toute leur marchandise ne consistait qu'en quelques aunes de calmande ou autres bagatelles: sous ce couvert, ils avaient l'occasion de pénétrer dans les habitations et d'y commettre des vols
de toute nature. Des plaintes nombreuses parvinrent au gouvernement, et il fallut porter remède à ce déplorable état de choses, peu
fait pour relever la réputation des juifs honnêtes et leur attirer la
sympathie des habitants. De plus, au commencement de l'année
1786, le gouvernement reçut aussi, de la part du corps des marchands merciers de Bruxelles, des doléances au sujet du colportage des juifs et de la concurrence que ceux-ci leur faisaient[1]. Ces
réclamations étaient en certains points fondées ; en effet, les juifs
colporteurs n'avaient à supporter ni impôts ni charges d'aucune
espèce, tandis que les marchands indigènes, outre les loyers de
maisons, avaient à payer des droits de bourgeoisie, des charges
municipales, des impôts et des droits de consommation.

Pour remédier à ces inconvénients, le gouvernement se fit adresser des mémoires par l'amman et par le lieutenant-amman de
Bruxelles, ainsi que par l'office du prévôt général des Pays-Bas et
de l'hôtel de S. M. et par l'office du drossard de Brabant[2]. Voici
un passage très intéressant du mémoire de l'amman, Ferdinand
Rapedius de Berg :

Aucune loi n'exclut les juifs ni de l'admission à la bourgeoisie, ni
de l'admission dans les corps de métiers de cette ville.

Mais l'usage et le préjugé les en a exclus de fait. Il a été décidé à
la vérité par decret de Leurs Altesses Royales du 3 aoust 1785

« Que ceux d'entre les juifs qui obtiendroient l'agrément exprès du
» gouvernement général à l'effet de pouvoir être admis à la bour
» geoisie devront y être admis à l'avenir. »

Mais les métiers refusent de les admettre dans leurs corporations,
et quoiqu'en termes de droit il paroisse certain que les métiers devroient succomber en justice, si quelque juif bourgeois essayoit par
cette voye de se faire admettre dans quelque corporation de métier,

---

[1] Carton 1293 : Supplique originale des doyens et des anciens du métier des merciers
de Bruxelles au comte Louis-Charles de Barbiano et Belgiojoso, ministre plénipotentiaire, 1786 (sans date de jour ni de mois), avec pièces justificatives ; — Supplique
originale des suppôts du corps des marchands merciers de Bruxelles à l'empereur,
4 février 1786.

[2] Carton 1293 : Mémoire original de l'amman Rapedius de Berg au comte Louis-
Charles de Barbiano et Belgiojoso, ministre plénipotentiaire, 22 mars 1786 ; — Mémoire orig. du lieutenant-amman Carton au même, 30 mars 1786 ; — Mémoire orig.,
sans indication de destinataire, par Stocquart de Court au Bois, lieutenant du prévôt de l'hôtel, 31 mars 1786 ; — Mémoire orig. à l'empereur par Phil. O' Kelly, un des
assesseurs du prévôt de l'hôtel et du drossard de Brabant, sans date (mars 1786).

le préjugé, l'ignorance assez générale des vrais principes de notre droit public, l'incertitude des jugemens, la longueur et les fraix des procédures intimident les juifs et leurs conseils, et la discussion de la question dont il s'agit ne se présente pas aux tribunaux de justice.

À l'exception conséquemment d'un très petit nombre de juifs assez riches ou accrédités pour exercer le commerce en gros (lequel est demeuré libre et ne requiert l'admission dans aucune corporation), la généralité de ceux de cette nation n'a pour subsister sans crime dans Bruxelles que la seule ressource d'y exercer le trafic *en fraudant les droits exclusifs des métiers* et *en trompant*[1] le public dans le sens que l'entendent les chefs des maitrises, c'est-à-dire en s'affranchissant des règles de discipline que ceux des métiers sont réputés observer relativement à leur trafic.

La nécessité de dérober la connoissance de leur trafic aux métiers en corporation, a fait naitre celle de la clandestinité du trafic des juifs.

Le conseil privé, appelé à délibérer sur la question soumise au gouvernement, convint d'établir au sujet des juifs des règles précises. Il fallait empêcher qu'on n'en souffrit dans les Pays-Bas d'autres que ceux qui y avaient acquis droit de séjour, soit par l'admission à la bourgeoisie, soit par quelque état avoué ; et ils étaient en petit nombre. Il fallait en outre prendre des mesures pour interdire l'entrée de ces pays aux juifs qui ne seraient pas munis de bons certificats, ou qui ne pourraient produire des renseignements suffisants sur leur probité et leurs ressources[2].

Les gouverneurs généraux ayant agréé ces résolutions, le conseiller d'Aguilar rédigea le projet d'édit suivant pour le soumettre à leur approbation[3].

Edit de l'Empereur, concernant le sejour
des juifs dans ses Provinces Belgiques. Du
.. juillet 1786.

Joseph, etc., voulant pourvoir aux abus et excès également préjudiciables aux règles du bon ordre et à celles de justice et du droit de propriété qu'occasione en ce pays le sejour d'un grand nombre de juifs, la plupart depourvus de ressources honnetes, nous avons de l'avis etc., et à la délibération etc., ordonné et statué, ordonnuons et statuons les points et articles suivans :

I.

Tous les juifs quelconques qui se trouvent dans ces provinces de-

---

[1] Ces mots sont soulignés dans l'original.
[2] Carton 1293 : *Extrait du protocole du conseil privé de Sa Majesté, du 20. mai 1786.*
[3] Carton 1293 : *Extrait du protocole du conseil privé de Sa Majesté, du 3. juillet 1786.*

vront en sortir dans le terme de quinze jours de la publication du
present édit.

II.

Nous exceptons neanmoins de cette obligation : 1º les juifs qui,
demeurant dans les villes closes, sont munis d'un acte en règle de
l'admission à la bourgeoisie, ou qui obtiendront, avant l'expiration
du meme terme de quinze jours, une permission par ecrit de l'officier
principal et de deux commissaires du magistrat, et 2º ceux qui, demeurant dans quelque petite ville ou autre endroit du plat-pays,
obtiendront dans le meme terme une pareille permission du conseiller fiscal de la province.

III.

Les juifs qui voudront venir dans la suite se fixer dans ce pays
devront se pourvoir à cet effet de semblables permissions, soit des
officiers et commissaires des villes closes, soit des conseillers fiscaux,
suivant la distinction énoncée dans l'article précédent.

IV.

Nous voulons que ces permissions ne soient accordées, soit pour
les villes closes, soit pour le plat-pays, qu'aux juifs qui produiront
des preuves certaines d'une probité averée, et d'avoir au surplus des
revenus suffisans pour une sustentation honnête.

V.

Ces permissions devront être renouvelées tous les ans, et à cet
effet elles devront être présentées entre le 1. et le 15. octobre de
chaque année respectivement aux officiers et commissaires des villes
closes ou aux conseillers fiscaux susmentionnés, avec les certificats
et appaisemens requis.

VI.

Et seront les memes officiers des villes closes, ainsi que les conseillers fiscaux, obligés de tenir note de toutes les permissions et
d'en envoyer annuellement, avant la fin du mois d'octobre, la liste
au gouvernement général des Pays-Bas.

VII.

Tout juif quelconque, qui resteroit ou s'arreteroit dans ces provinces sans être muni d'une admission à la bourgeoisie ou d'une permission conforme à ce qui est prescrit ci-dessus, sera tenu et pour-
suivi comme vagabond, de meme que ceux qui sans y rester ou faire
quelque sejour, et y passant seulement, ne seroient point munis de
certificats et passeports en règle.

Si donnons en mandement et^a.[1]

---

[1] Brouillon dans le carton 1293.

On en resta là. Ce projet fut-il ou non soumis à la sanction du gouvernement général? Nous l'ignorons. Tout ce que nous savons, c'est qu'il n'y fut pas donné suite, à ce que nous apprend la mention *non resolu*, écrite en marge de l'extrait du protocole du conseil privé, du 3 juillet 1786, joint à ce projet d'édit.

VIII.

EXEMPTION DES DROITS DE TONLIEU ACCORDÉE AUX JUIFS BOURGEOIS DE BRUXELLES OU DOMICILIÉS DANS CETTE VILLE.

Dans le cours de notre travail, il a été parlé plus d'une fois des droits de tonlieu, dont étaient exempts, notamment à Bruxelles et à Anvers, non seulement les bourgeois, mais encore les autres habitants ayant domicile fixe dans ces villes[1]. La requête suivante, adressée aux gouverneurs généraux par le magistrat de Bruxelles, fera connaître, pour cette ville, l'origine de cette exemption. On y verra de plus par quelle interprétation spécieuse et *judaïque* celui-ci cherchait à empêcher les juifs d'en jouir. D'autre part, il allègue, soit avec ignorance, soit avec mauvaise foi, le décret du duc Charles de Lorraine du 20 novembre 1756, ou plutôt l'ordonnance de police publiée en conséquence le 17 septembre 1757, et à l'exécution de laquelle le comte de Cobenzl, par dépêche du 7 juin 1758 au conseil de Brabant, avait cependant ordonné de surseoir. Nous donnerons après cette requête la résolution prise à ce sujet par le conseil privé et le décret des gouverneurs généraux, qui en fut la suite.

Madame, Monseigneur.

Nous prenons la tres respectueuse liberté de remontrer à Vos Altesses Roiales que, par contrat du 8. fevrier de l'an 1627[2], nos devanciers ont pris en engagère, pour la somme de six cent mille florins, les droits des tonlieux qui appartenoient au souverain.

Il a été stipulé par le premier article de ce contrat que dès lors la levée de ces droits viendra à cesser et n'aura plus d'effet pendant l'espace de tems, que cette engagère subsistera, à l'égard des habitans, soit bourgeois, soit seulement habitants en cette ville ou en

[1] Sur ces droits de tonlieu, voir ce que dit le *Voyageur dans les Pays-Bas autrichiens* [par Derival], t. III, Amsterdam, 1783, p. 317-322.
[2] 1628, selon le texte de l'*engagère*, en flamand, publié dans les *Placcaeten van Brabandt*, derde deel, Brussel, 1664, p. 417-431.

sa franchise, qui y sont fixement domiciliés, comme aussi à l'égard de leurs marchandises, meubles, bestiaux et autres biens, ainsi que de leurs batteaux, chariots, chevaux ou charettes chargés de ces effets : voila les termes de l'acte prétouché, d'où il paroit resulter, que les habitans de cette ville, qui y ont été fixement domiciliés, c'est à dire pendant l'espace d'un an et jour, conformement à nos loix municipales, sont mis en parallele avec ceux qui jouissent du droit de bourgeoisie ; et par conséquent, que l'exemption des droits de tonlieux a été stipulée en faveur des premiers comme à l'avantage des seconds.

Les periodes suivantes de cet acte solennel n'établissent aucune distinction entre le bourgeois et l'habitant simplement domicilié ; toutes les clauses de cette convention concourent à faire adopter que les habitans doivent participer en égal degré avec les bourgeois de la franchise des droits susmentionnés.

Enfin on n'y voit aucune reserve, aucune restriction ni exception de personne, de quelle religion elle puisse être, soit chrétienne, soit juive, ou autre ; ainsi tous nos citoyens semblent devoir profiter du même bénéfice que les termes du contrat accordent indistinctement ; nous avons constamment suivi ce principe à l'égard de ceux qui professent la religion chrétienne sans distinction des catholiques et des reformés.

L'équité paroit appuyer ce sentiment, si l'on considere que les habitans non bourgeois, quoiqu'exerçant une autre religion, que celle qui domine en ces pais, contribuent également avec les bourgeois à toutes les charges, auxquelles ceux-ci sont assujettis, et qu'ils supportent par conséquent aussi le paiement des interets, que la levée du capital de six cent mille florins pour satisfaire au prix d'achat de l'engagère susdite, a créés.

Guidés peut être par ces principes, quelques juifs ont cru pouvoir se présenter aux greffes de l'hôtel de ville afin d'y obtenir les lettres réquises pour la jouissance de l'exemption des droits de tonlieux.

Domiciliés fixement en cette ville pendant le terme d'un an et jour (terme prescrit par le reglement du 18. septembre 1627 touchant la franchise desdits droits) ils ont peut être estimé que la religion, qu'ils professent, ne sauroit les exclure de la faveur accordée aux habitans qui sont de la religion chrétienne.

Ces motifs paroissent plausibles au premier abord, mais en approfondissant les choses, nous voyons s'élever des doutes, qui nous ont engagés à nous refuser à la demande de ces juifs, jusqu'à ce que le gouvernement nous fera parvenir quelle route nous pouvons tenir dans ces circonstances.

Nos doutes semblent pouvoir se fonder sur ce qu'il paroit assez évident, que les juifs n'ont qu'une habitation précaire en cette ville, laquelle, quelque longue qu'elle fut, ne sauroit par conséquent leur attribuer l'effet des privileges et des droits attachés aux autres habitans de la ville.

Par décrêt de feu Son Altesse Roiale, en date du 14. juin de l'année 1757 [1], il a été enjoint à nos prédecesseurs de faire émaner une ordonnance de police par rapport aux juifs, qui voudront se fixer sous le ressort de notre jurisdiction.

Il y est declaré d'après les ordres exprès de ce Serénissime Prince, que pour empecher la facilité avec laquelle la residence des juifs est tollerée en ces pais, tous ceux de la nation juive, qui voudront se fixer dans cette ville, seront tenus de payer tous les ans au profit de Sa Majesté, au bureau de la recette des revenus de ses domaines, la somme de trois cent florins, et qu'ils devront faire conster du paiement de cette taxe avant de pouvoir s'établir ici ; de plus, que le paiement de cette taxe devra être ainsi continué d'année en année, à peine que ceux qui n'y auront pas satisfait seront bannis à perpétuité.

Et afin que les juifs, sous pretexte de passer par cette ville ou d'une demeure de peu de tems, ne rendent ces dispositions illusoires, il leur est défendu de rester en cette ville au délà du terme de deux fois vingt quatre heures, sous peine de devoir payer ladite somme de trois cent florins ou d'être punis à l'arbitraire, s'ils sont hors d'état de pouvoir y satisfaire.

De cette ordonnance de police, qui n'a jamais été revoquée [2], et par laquelle on se rappelle la teneur des anciennes loix de nos souverains, ensuite desquelles ceux de la nation juive ont été bannis de ces contrées, semble suivre, que les individus de cette nation, n'étant que tollerée parmi nous, ne peuvent esperer de pouvoir profiter des avantages rélativement à la franchise des droits des tonlieux, propres aux habitans de la ville qui professent la religion chrétienne, tandis que ceux-ci n'en peuvent même user d'après la disposition du reglement precité du 18. septembre 1627, qu'après qu'ils auront tenu domicile en cette ville *plus d'un an et jour* [3]. Ce n'est donc qu'après ce terme que nos habitans acquierent le titre nécessaire qui leur donne le droit de participer aux franchises des droits de tonlieux, titre que les juifs ne scauroient se flatter d'obtenir, puisque ne pouvant rester en cette ville que pendant l'espace d'un an, au moyen du paiement annuel de trois cent florins, ils perdent l'espoir des faveurs accordées aux habitans au moment même où ceux-ci commencent à s'en prévaloir.

Que Vos Altesses Roiales nous permettent encore de leur rappéller que par leur décrêt du 3. aout 1785, Elles nous ont notifié que vu les raisons particulieres, qui militent pour le négociant de cette ville, Michel Mitschell, juif de nation, c'etoit leur intention qu'il fut admis à la bourgeoisie, et que Vos Altesses Roiales ont daigné nous in-

[1] C'est une erreur de date ; il s'agit ici du décret du 20 novembre 1756.

[2] Mais dont l'effet avait été suspendu, par dépêche de Cobenzl au conseil de Brabant, du 7 juin 1758. Voir plus haut au chapitre des *Taxes sur les juifs*, p. 53-54.

[3] Mots soulignés dans l'original.

former par la même dépêche que l'on ne pourra admettre doresnavant aucun juif à la bourgeoisie de cette ville à moins que, d'après le rapport à faire à Vos Altesses Roiales des circonstances, Elles donnent des ordres particuliers et exprès à cette fin.

En supposant que ces volontés de Vos Altesses Roiales partent non seulement du principe que tous ceux qui desirent être admis à la bourgeoisie doivent être de la religion chrétienne, mais aussi qu'Elles ont eu en vue d'empecher au moyen de cette sage disposition, que les juifs n'acquièrent le titre requis pour pouvoir entrer dans les corps de metiers et ne trouvent ainsi la facilité de tromper le public à la faveur de ce titre, nous croions entrevoir un inconvenient non moins important s'ils obtiennent l'exemption des droits de tonlieux, celui d'agir dans l'exercice de leur commerce sans aucune bonne foi et de préjudicier pour lors aux interets du souverain non moins qu'à ceux des particuliers.

Il paroit sans doute dangereux d'accorder à cette nation, que sa mauvaise foi reconnue dans le commerce reduit a être errante sur le globe, sans pouvoir se concilier la confiance de la societé, les avantages qui soutiennent les fortunes de nos habitans.

Ignorant enfin si nos lettres de franchises des droits de tonlieux seroient respectées par les employés de Sa Majesté, il ne nous reste que de sousmettre nos doutes aux profondes lumieres de Vos Altesses Roiales, et de les supplier très humblement de nous y faire parvenir leur haute determination.

Nous sommes avec le plus profond respect,

  Madame, Monseigneur,

   De Vos Altesses Roiales,

    Les très humbles et très obeissans serviteurs,

     Les bourguemaitres, echevins, tresoriers, receveurs et conseil de la ville de Bruxelles,

      P. VERJAN [1].

Bruxelles ce 1. 8bre 1786.

Extrait du protocole du conseil privé de Sa Majesté,
du 14. 8bre 1786.

M. d'Aguilar a fait rapport de celui du magistrat de Bruxelles par lequel il propose le doute, si l'on doit accorder la franchise des thonlieux aux juifs domiciliés en cette ville.

Cette franchise a été prise en engagere pour la ville de Bruxelles pour la somme de f. 600,000 ; mais ceux du magistrat doutent si, vu les dispositions portées et les regles etablies encore en dernier lieu pour qu'on n'admette point de juifs à la bourgeoisie sans un

---

[1] Original dans le carton 1293. — Pierre Verjan était un des greffiers de la ville.

aveu exprès du gouvernement, on peut tenir les juifs pour habitans fixes reconnus tels, à l'effet de jouir de la franchise dont il s'agit.

Le conseil trouve, que les mêmes raisons qui s'opposent à l'admission des juifs à la bourgeoisie, militent aussi pour qu'on ne les tienne point pour habitans fixement domiciliés à l'effet que dessus, que l'exemtion des thonlieux pourroit d'ailleurs fournir le moyen facile de frauder à ceux des juifs touchant lesquels on n'a pas d'appaisement et qui sont le plus grand nombre.

Il fut resolu d'après ces motifs de proposer à Leurs Altesses Royales de ne laisser tenir et reconnoitre d'autres juifs pour fixement domiciliés à l'effet de jouir de l'exemtion de thonlieux, que ceux qui de l'aveu du gouvernement ont donné des appaisemens suffisans à cette fin, en declarant en consequence au magistrat de Bruxelles, qu'on ne doit y accorder des lettres ou certificats de franchises des thonlieux à d'autres juifs qu'à ceux qui, d'après la permission du gouvernement, sont admis bourgeois de la même ville ou qui, d'après une pareille et expresse permission, y sont tenus pour fixement domiciliés et qualifiés à ce titre à jouïr de l'exemtion dont il s'agit, tellement qu'aucun juif ne jouïra de cette exemtion à moins d'un aveu exprès du gouvernement./.KULB. v¹ ¹.

Marie, Albert, etc.

Sur le rapport qui nous a été fait de votre representation au sujet de l'exemption des thonlieu dont des juifs desirent de profiter comme habitans de la ville de Bruxelles, nous vous faisons la presente pour vous dire que c'est notre intention qu'il ne soit accordé des lettres ou certificats des franchises des thonlieux comme habitans de Brusselles à d'autres juifs que ceux qui, d'après la permission du gouvernement, sont admis bourgeois de cette ville ou qui, d'après une pareille et expresse permission, y sont tenus pour fixement domiciliés et qualifiés à ce titre à jouir de l'exemption dont il s'agit, tellement qu'aucun juif ne puisse jouir de cette exemption à moins d'un aveu exprès du gouvernement.

Vous en informerez ceux qu'il appartient et vous veillerez à ce que l'on s'y conforme. A tant, etc².

---

[1] Original, paraphé par le conseiller de Külberg, dans le carton 1293. En marge de cet extrait du protocole, on lit l'apostille : *Nous nous conformons*, paraphée par les gouverneurs généraux.

[2] Brouillon de la minute dans le carton 1293. En marge on lit : « A ceux du magistrat de Bruxelles. Brux¹ le 21. 8ᵇʳᵉ 1786. Paraphé Kulb. v¹, signé M. A. [Marie, Albert], contresigné de Reul. »

IX.

ARRÊTÉ DU REPRÉSENTANT DU PEUPLE LAURENT CONTRE LES JUIFS.

Nous venons de voir les derniers actes de l'administration autrichienne relatifs aux juifs des Pays-Bas. On n'eut pas à s'occuper d'eux pendant les années suivantes troublées par la révolution brabançonne et la première invasion française. L'ancien régime s'effondrait et il n'allait bientôt plus y avoir de distinction entre les juifs et les autres citoyens.

Après quelques hésitations, l'assemblée nationale française avait enfin, dans sa séance du 27 septembre 1791, décrété l'émancipation des israélites, et reconnu qu'ils étaient citoyens dès qu'ils réunissaient les conditions dont elle faisait dépendre cette qualité[1]. Cependant trois ans après, malgré cette déclaration solennelle, qui, il est vrai, ne concernait pas les pays belgiques conquis, et n'y fut pas publiée[2], le représentant du peuple Laurent, à peine entré à Mons avec l'armée française[3] et voulant sans doute sévir contre des vagabonds, des voleurs ou des espions, mit encore une fois les juifs hors du droit commun, en édictant contre eux le terrible arrêté que voici :

JUIFS.

Il est défendu aux juifs de suivre l'armée à peine de mort.

Les généraux, les commandans des postes de l'armée et le comité de surveillance de la commune de Mons, recevront les dénonciations contre les contrevenans, et les feront arrêter sur le champ, pour être exécutés dans les vingt-quatre heures.

Mons ce 16 messidor, l'an deux de la République française[4].

Le représentant du peuple près
l'armée du nord,

Signé : LAURENT[5].

---

[1] Halphen, *Recueil des lois*, etc., *concernant les israélites depuis la révolution de 1789*, Paris, 1851, p. 9.

[2] Defacqz, *Ancien droit belgique*, t. I, Bruxelles, 1846, p. 278.

[3] Les représentants du peuple Laurent et Guyton entrèrent à Mons, avec les troupes françaises, le 1er juillet 1794.

[4] 4 juillet 1794.

[5] Placard pet. in-folio, imprimé « A Mons, chez A. J. Lelong, imprimeur-libraire, n° 33. » — La bibliothèque publique de Mons en possède un exemplaire, 55e portefeuille, pièce n° 2807.

X.

PATENTE DE MENDIANTS ACCORDÉE A DES JUIFS CONVERTIS.

La pièce qui suit est la traduction d'une lettre patente en flamand donnée par Philippe, duc de Brabant et comte de Saint-Pol, à toute une troupe de juifs convertis, et par laquelle il les autorisa à mendier dans tous les pays de sa domination. Une copie du texte flamand de ce document existe aux archives générales du royaume de Belgique, dans un volume écrit au xvi° siècle, contenant des copies de mandements, de lettres patentes, de commissions, rémissions, privilèges, dons, etc., émanés de la chancellerie du duc Philippe pendant les années 1427, 1428 et 1429 [1]. Le document qui nous occupe paraît y avoir été assez mal transcrit; le copiste, n'ayant sans doute pu lire facilement l'original, a évidemment estropié un grand nombre de mots et a même laissé deux passages en blanc.

Si le lecteur trouve étrange la longueur démesurée de la phrase principale de cette lettre patente, nous le prions de s'en prendre à la chancellerie du duc Philippe ; pour notre part, tout en nous conformant autant que possible au style des chartes du temps écrites en français, nous nous flattons d'avoir rendu la présente traduction beaucoup moins embrouillée que ne l'est le texte original.

Philippe, [par la grâce de Dieu, duc de Lothier, de Brabant et de Limbourg, marquis du Saint-Empire, comte de Ligny et de Saint-Pol, [2]] à tous et un chacun, prélats, *prélates* [3], prévots, doyens, curés et toutes autres personnes ecclésiastiques de quelque état ou condition qu'elles soient, et pareillement à tous nos féaux bannerets, chevaliers et vassaux, nos drossards, baillis, maires, ammans, écoutettes et à tous autres nos officiers, justiciers, serviteurs de tous nos dits pays, présents et à venir, et à leurs lieutenants, à qui cette notre présente lettre viendra, salut.

[1] Chambre des comptes, reg. n° 23, en papier, relié en parchemin, intitulé au dos : *A. Chartres, priviléges, 1300 à 1433 :* n° 3, 1427. Nôtre lettre patente s'y trouve fol. xij verso—xiij verso. Une moin du xviii° siècle y a écrit en tête le titre français suivant : *Permission pour Otto Canolent freres, femme et enfans juifs rendu cath* *d'aller mandier dans le Brabant. 31. xbre 1427.*

[2] Nous rétablissons ici, d'après d'autres chartes, les titres du duc Philippe, omis dans la copie flamande, ou plutôt simplement indiqués par un *etc.*

[3] « Prelaterssen ».

Comme il est apparu par plusieurs lettres patentes scellées, que nous avons vues et fait visiter par notre conseil, que maître Otte Canolent, sa femme, ses enfants, ses frères, ses sœurs et une partie de ses écoliers, jadis juifs, qui ayant abandonné l'erreur maudite et l'aveuglement de la loi juive d'où ils sont venus et à laquelle ils ont été attachés jusqu'ici par l'aveuglement de leurs cœurs, de l'inspiration du Saint-Esprit et miraculeusement, comme ils disent, se sont convertis au christianisme, qui est une vraie lumière, sont devenus de bons croyants et des chrétiens, et ont reçu le saint baptême chrétien, faisant pénitence de leurs péchés passés, ainsi qu'il convient; et comme le dit Jan[1], sa femme et ses enfants, attendu qu'ils ont abandonné tous les biens qu'ils avaient dans la dite loi juive, n'ont pas dans ce temps-ci de quoi se procurer le nécessaire et sont destinés à succomber faute du nécessaire, à moins que des hommes bienfaisants ne leur donnent pour l'amour de Dieu les aumônes que tous les bons chrétiens doivent raisonnablement être portés à faire, afin qu'ils (ces convertis) puissent devenir plus fermes dans notre sainte foi, qu'ils ne [retournent] faute [du nécessaire[2]] à leur précédent manque de foi et qu'ils ne retombent dans l'erreur ;

Si est-il que nous voulons et mandons à chacun de vous, désirant que le dit maître Otte avec sa femme et ses enfants, que nous avons pris et mis, prenons et mettons en notre particulière sauvegarde et conduite, vous accueilliez favorablement quand ils se présenteront à vous, demandant vos aumônes pour l'amour de Dieu, et que partout dans nos dits pays sous notre domination, chacun selon son état, les laisse circuler, venir et s'en retourner avec leur avoir et leurs biens, sans leur faire ou souffrir être fait quelque tort, empêchement ou désavantage en quelque manière que ce soit, leur partageant généreusement pour l'amour de Dieu vos aumônes des biens qu'il vous a départis, et que vous y engagiez ceux qui vous sont soumis, autant [que vous[3]] pourrez, afin que vous et ceux-ci, par cette et d'autres bonnes œuvres, puissiez gagner les biens éternels en échange de ce bien terrestre, et nous témoigner aussi affection et reconnaissance.

En témoin de cette lettre nous y avons fait mettre notre scel. Donné en notre ville de Bruxelles le dernier jour de décembre, l'an de Notre Seigneur M CCCC et vingt-sept, selon le style de la cour de Cambrai.

---

[1] Sic. Otte Canolent avait-il reçu au baptême le nom de Jean ?
[2] Lacune dans la copie flamande.
[3] Lacune dans la copie flamande.

XI.

BAPTÊMES DE JUIFS A LIÈGE ET A BRUXELLES.

Les historiens liégeois, Chapeaville[1], le P. Foullon[2], Abry[3] et le P. Bouille[4], font tous mention du baptême d'un juif de 38 ans dans la cathédrale de Saint-Lambert, en octobre 1573. La cérémonie eut lieu en grande solennité : une estrade fut dressée à cet effet au milieu de la nef, et le suffragant de Liège, Grégoire Sylvius, évêque de Tagaste, administra le sacrement au catéchumène, en présence du prince évêque Gérard de Groesbeck et d'une immense assemblée. Jean de Berlaimont, prévôt de Saint-Lambert, et Raes d'Ans, seigneur de Fontaine, l'un des bourgmestres, furent ses parrains et lui donnèrent le nom de Lambert.

Le P. Foullon et, d'après lui, le P. Bouille, disent que ce juif s'appelait Jessé ; mais il est plus probable que son nom était Isaac, comme on le lit dans les conclusions du chapitre de la cathédrale de Saint-Lambert. Voici, au surplus, la décision concernant ce juif et la mention de son baptême et de sa confirmation, ex traites des procès-verbaux des séances du chapitre :

Duodecima 8bris 1573.

Cum quidam Isaac judeus supplicet ut cum jam in fide christiana sit eruditus desideretque baptisari et inter fideles christianos aggregari et per preceptores suos suffraganeum videlicet et M. Anthonium Ghennart idoneum ad baptismi susceptionem judicetur, placuit dominis meis ut idem in sua ecclesia baptisetur hora septima, de mane, die XXV presentis mensis, dominica scilicet die post festum sancti Luce[5].

XXV 8bris 1573.

Baptisatus fuit in navi ecclesie sub corona, theatro ibidem constructo et elevato, quidam judeus per suffraganeum R^{mi} episcopi

---

[1] *Gesta pontificum Leodiensium*, tom. III, Leodii, 1616, p. 470.
[2] *Historia Leodiensis*, tom. II, Leodii, 1736, p. 296.
[3] *Recueil heraldique des bourguemestres de la noble cité de Liege*, Liege, 1720, p. 311 312.
[4] *Histoire de la ville et pays de Liege*, Liege, t. II, 1731, p. 468.
[5] Archives de l'État à Liège : Cathédrale de Saint-Lambert, Secrétariat, Conclusions capitulaires, n° 116, fol. 172.

Leodiensis Gerardi a Groesbeeck, et, suscepto baptismo, fuit statim confirmatus, fueruntque illius patrini D. prepositus Barlaimont et senior burghimagister pro tempore civitatis videlicet D. de Fontainne, hoc statim missa summa decantata et hoc post concionem per dictum dominum suffraganeum factam, que propter multitudinem populi ibidem eo tunc congregati (quia dies erat dominicus) vix potuit audiri[1].

Le P. Foullon fait la réflexion suivante à propos de cette cérémonie : « Eò jucundius spectaculum fuit, quòd ex pervicaci et perfida gente rarò admodùm, ubivis gentium, ad Christum agnoscendum serriò adducantur. Leodii verò vix scio an aliàs unquam, cùm apud nos habitârint nulli, quantumvis in vicino per Germaniam sparsi. »

Si le P. Foullon avait encore été en vie en 1722, il n'eût pas manqué de relater une cérémonie du même genre, arrivée cette année et non moins solennelle, tant par le nombre des convertis que par la qualité du principal d'entre eux. Connaissant l'importance que le moindre événement arrivé à Liège prenait aux yeux des historiens de cette ville, on peut s'étonner que les éditeurs et continuateurs de l'ouvrage du P. Foullon, le baron de Crassier et M. de Louvrex, n'en aient point fait mention, non plus que le P. Bouille[2].

Nous suppléerons à leur silence, en donnant, tel que nous l'avons copié sur l'un des registres paroissiaux de Saint-Adalbert[3], l'acte de baptême d'un rabbin allemand, de sa femme et de ses enfants, qui reçurent ce sacrement dans cette église le 19 mai 1722.

1722.

Rabinus seu prædicans synaguogæ judaicæ per annos 23 in Germania cum familia sua, sponsa, duobus filijs et tribus filiabus, judaismo abiurato, professioneque fidei nostræ facta, post instructionem sufficientem mysteriorum nostrorum, baptisatus est in ecclesiæ nostræ navi presente populi magni concursu, a quibus Deus per suam misericordiam quamvis perfidis abstulit velamen cordis eorum, adduxitque eos ad veri luminis claritatem Jesu Christi Do-

---

[1] *Ibid.*, fol. 174.

[2] Le P. Foullon mourut en 1668. Le baron de Crassier et M. de Louvrex éditèrent son ouvrage et composèrent le tome III. Le premier tome parut en 1735, le deuxième en 1736 et le troisième en 1737 ; ce dernier relate les événements jusqu'à cette année. Le P. Bouille va jusqu'en 1732 inclusivement.

[3] Archives de l'état civil de Liège : *Registre contenant les noms et surnoms des enfans batisez en l'eglise paroissiale de St Adalbert a Liege, commençant l'an 1708.*

mini nostri, quorum nomina in hoc libro et vitæ æternæ sint scripta,
erantque ex parochia

S. Christoph. 19 [Maii].

Petrus, antea Mardochæus, Engelender cognomine, paterfamilias,
qui cum sponsa infrascripta matrimonium renovarunt in facie Ecclesiæ, cujus patrinus fuit R. D. Petrus Lucion presbyter et ecclesiæ collegiatæ S. Joannis Evang., matrina vero fuit domicella
Maria Catharina Le Bon.

Maria Catharina, antea Sara nomine, sponsa dicti Petri et mater-
familias, cuius patrinus fuit perillustris ac generosus D. Joannes
Baptista de Cartier canonicus Leodiensis, M. nobilis domina Maria
Cath. du Mortier sponsa nobilis D. Ferdinandi Joseph de Diffuy
scabini Leodiensis.

Albertus Joseph, antea Lazarus nomine, filius natu major eorumdem, cuius P. fuit nobilis D. Albertus Joseph Dacre de Liedekerke[1],
M. nobilis domina Aleis Eleonora de Mariot sponsa D. Barme.

Ferdinandus Joseph, antea Levi nomine, filius natu minor eorum-
dem, cuius P. fuit nobilis D. Ferdinandus Joseph de Diffuy supremæ
justitiæ Leodiensis scabinus, M. nobilis domicella Ludovica de
Libert de Flemalle pro nobili domina Maria Francisca de la Tour de
Haling sponsa nob. domini Leopoldi Joseph de Bonhomme scabini
Leodien.

Maria Monica, antea Eva nomine, filia natu maior vidua eorumdem, cuius P. fuit nob. dominus Leopoldus Joseph de Bonhomme
supremæ justitiæ Leod. scabinus, M. nobilis domina Margarita Pe-
tronilla du Sart vidua nobilis domini Ludovici de Cartier supremæ
justitiæ patriæque Leodien. scabinus.

Maria, antea Rachel nomine, filia eorumdem natu minor, cuius
P. fuit nob. D. Matthias Guilielmus de Vanbuel consilij ordinarij
senator, M. nobilis domina Maria de Malaese sponsa nob. domini
Hyeronimi de Favereau actualiter consulis Leod.

Maria Adeodata, antea Rebecca nomine, fil. natu minima eorumdem, cuius P. fuit nobilis de Bartholomæus de Masset exconsul
Leodien., M. vero domicella Maria Adeodata du Mortier.

Quibus det Deus perseverantiam.

Comme on le voit, les rares conversions de juifs faisaient événement autrefois ; leur abjuration était reçue avec solennité,
et les grands personnages regardaient comme un honneur de
tenir sur les fonts baptismaux les nouveaux convertis. Nous en
avons encore pour preuve la mention suivante, que nous lisons
dans une vieille gazette de Bruxelles, les *Relations véritables* du
24 octobre 1721.

---

[1] Plusieurs personnes de la famille de Liedekerke furent seigneurs d'Acre, c.-à-d.
Acren-Saint-Martin, dans le Hainaut.

De Brusselle le 24 octobre 1721.

Lundi 20 de ce mois, Mr. le pasteur de l'eglise paroissiale de Notre-Dame de la Chapelle en cette ville, fit la ceremonie dans le portail de son eglise de recevoir l'abjuration du judaisme d'une fille juifve agée de 24 ans, nommée Sara Leybing, native de Straesbourg, et de la baptiser, aiant été tenue sur les fonts par madame la princesse de la Tour et Tassis, et par le prince Alexandre son fils ainé, qui lui donnerent les noms de Marie-Alexandrine, en presence de beaucoup de noblesse et de peuple.

La nouvelle donnée par les *Relations veritables* concorde en tout point avec l'acte suivant inscrit dans l'un des registres baptistaires de la Chapelle [1] :

October 1721.

20.   Sara Leybing

judeorum parentum filia et usquè ad vigesimum quartum ætatis annum in judaicâ cecitate educata, post debitam instructionem et judaismi abjurationem baptizata est, et nomen impositum Maria Alexandrina, suscipientibus e sacro fonte illustrissimâ ac excellentissimâ dominâ Mariâ Ludovicâ Annâ Franciscâ de Lobcowitz principissâ de la Tour et Tassis et illustrissimo ac excellentissimo domino Alexandro de la Tour et Tassis prefatæ principissæ filio natu seniore.

Les jésuites de Bruxelles s'occupaient beaucoup de conversions au siècle dernier. Le registre où sont consignés les abjurations et les baptêmes de leurs catéchumènes existe encore ; c'est le *Liber conversorum ad fidem catholicam in collegio Societatis Jesu Bruxellis ab A° 1715 ad A^m 1775*, conservé aujourd'hui à la bibliothèque royale [2]. Il y est fait mention de quelques juifs baptisés dans diverses églises de Bruxelles vers le milieu du xviii° siècle.

Additions. — A la liste des noms de lieu rappelant encore aujourd'hui le séjour des juifs (voir page 2), il faut ajouter la *Jodeplaene*, plaine des Juifs, et la *Jodestrate*, rue des Juifs, à Tervueren, près de Bruxelles ; et aussi la *Jodestrate* à Malines.

A Luxembourg, la rue actuelle de l'Arsenal (voir p. 3) est encore vulgairement appelée *Judegäss*.

A la page 9, nous avons omis d'indiquer, en note, que nous avons trouvé l'opinion de M. le Dr A. Kisch dans sa notice sur *Trois sceaux juifs du moyen âge*, publiée dans la *Revue des études juives*, t. IV, 1882, p. 278-281.

---

[1] Archives de l'état civil de Bruxelles : *Registrum baptismale ecclesiae parochialis Beatae Mariae Virgnis de Capelia Bruxellis*, 1721-1728, fol. 28 recto.

[2] Fonds Goethals, manuscrit n° 81, in-4°.

יהשוה

M. Ouverleaux, dans son travail sur les juifs de Belgique signale, en passant, une inscription hébraïque gravée sur une maison de Louvain construite en 1567, et ainsi conçue [1] :

יהוה

יהשוה

Notre savant collaborateur suppose que le second mot est formé par l'intercalation du שׁ de שׁדי dans le tétragramme, et qu'il semble devoir signifier יהוה שׁדי. Pour moi, il est certain que ce mot a été forgé par un clerc chrétien, parce qu'il contient à la fois le nom de l'Eternel et celui de Jésus (Yéschouh). Libre aux amateurs de subtilités d'ajouter que cette lettre intercalée est la troisième du mot, soit qu'on lise de droite à gauche ou de gauche à droite et qu'elle est la première du terme שׁלשׁ « trois », toutes coïncidences dont les clercs, au moyen âge, tiraient des conséquences étonnantes pour la démonstration de la Trinité.

Mais le graveur de l'inscription n'en est pas l'inventeur, car elle existe déjà au commencement du xvie siècle. Qu'on se reporte, en effet, aux marques de typographie insérées dans la *Revue des études juives* (t. III, p. 86-87) par M. Schwab, et qui datent l'une de 1514 et l'autre de 1518. La première porte le mot יה וה coupé en deux et, plus bas, juste au-dessous du blanc, un שׁ. L'auteur a voulu faire lire à la fois יהוה et יהשׁוה [2]. La seconde est plus claire encore, car en face de יהשׁוה se trouve IHꙄOUꙄ. Plus de doute possible sur le sens du mot. M. Schwab a donc tort de dire « que le graveur a cru devoir donner aux cinq lettres hébraïques le sens de Jésus, ignorant que ce nom exigerait un ע. » Ce n'est pas une marque d'ignorance, mais simple jeu d'esprit [3].

On ne saurait croire le rôle joué par ces termes cabalistiques, dénués de sens. M. Ouverleaux a bien voulu demander à Louvain

---

[1] Voir *Notes et documents sur les juifs de Belgique sous l'ancien régime*, page 19, note 2.

[2] Qu'on remarque, en outre, la croix placée au milieu du mot.

[3] Il doit y avoir des églises où se trouve ce mot mystérieux.

8

même s'il n'y a pas de traditions sur cette inscription. Voici la légende curieuse qui lui a été rapportée par l'archiviste de la ville, M. van Even :

« Le docteur Faust était un savant professeur de l'université de Louvain, qui faisait des cures merveilleuses parce qu'il avait vendu son âme au diable. Pour marquer cette transaction, le démon plaça cette pierre dans la façade de la maison occupée par Faust, où se réunissaient les diables pendant la nuit pour faire des niches aux braves Louvanistes. »

On raconte aussi, nous dit encore M. Ouverleaux, que « cette pierre écrasera celui qui essaiera de la déplacer et que le jour où l'inscription sera déchiffrée un épouvantable cataclysme ou un incendie détruira Louvain ».

Israel Lévi.

(Extrait de la Revue des études juives,
t. VII, Paris, 1883, p. 285-286.)

VERSAILLES, IMPRIMERIE CERF ET FILS, RUE DUPLESSIS, 59.